Impressum
Verlag: BABADADA GmbH, Nedderfeld 112 , 22529 Hamburg
Geschäftsführer / Verlagsleitung: Harald Hof
Druck: Books on Demand GmbH, In de Tarpen 42, 22848 Norderstedt

Imprint
Publisher: BABADADA GmbH, Nedderfeld 112 , 22529 Hamburg, Germany
Managing Director / Publishing direction: Harald Hof
Print: Books on Demand GmbH, In de Tarpen 42, 22848 Norderstedt

shule

sukuu

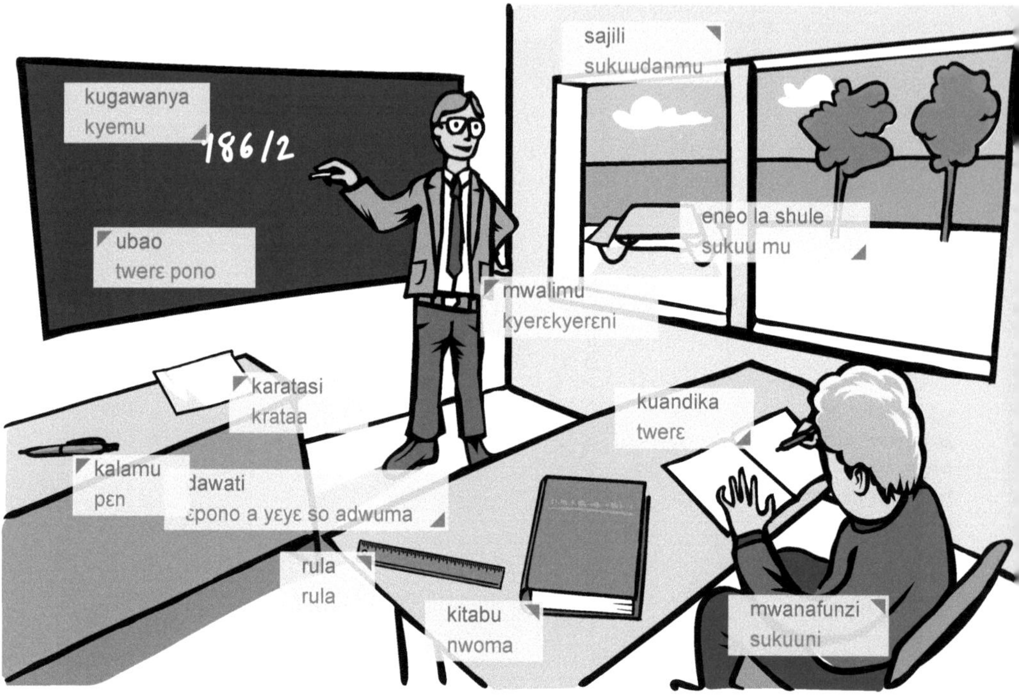
sajili
sukuudanmu
kugawanya
kyemu
186/2
ubao
twerɛ pono
eneo la shule
sukuu mu
mwalimu
kyerɛkyerɛni
karatasi
krataa
kuandika
twerɛ
kalamu
pɛn
dawati
ɛpono a yɛyɛ so adwuma
rula
rula
kitabu
nwoma
mwanafunzi
sukuuni

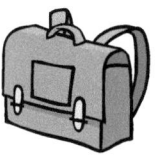

mkoba

baage

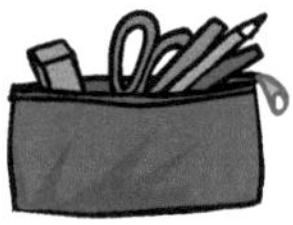

kikasha cha penseli

twerɛdua konko

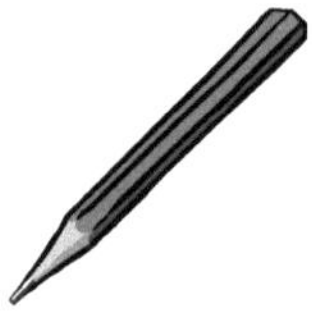

penseli

twerɛdua

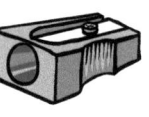

kichonga penseli

deɛ yɛde sensen twerɛdua ano

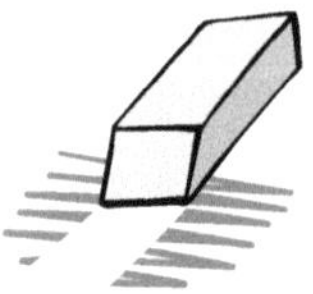

mpira

rɔba

pedi ya kuchora

krataa a yɛdwi adeguso

uchoraji

adedwie

brashi ya rangi

penti brɔhye

sanduku la rangi

penti adaka

mkasi

apasoɔ

gundi

aman

daftari

nwoma a yɛyɛ mu adwuma

kazi ya nyumbani

efie adwuma

12

nambari

nɔma

2+2

jumlisha

kabom

5-2

ondoa

te fri mu

2×2

zidisha

mmɔho

kokotoa

sese

barua

lɛtɛ

**ABCDEFG
HIJKLMN
OPQRSTU
VWXYZ**

alfabeti

ntwerɛeɛ

neno

asɛmfua

maandishi

ntwerɛdeɛ

kusoma

kenkan

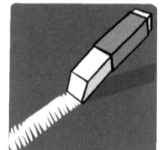

chaki

kyɔk

somo

adesua

sajili

twerɛ wo din

uchunguzi

nsɔhwɛ

cheti

abodinkrataa

sare za shule

sukuu ataadeɛ

elimu

adesua

elezo

nyansa nwoma

chuo kikuu

suapɔn

darubini

maakroskop

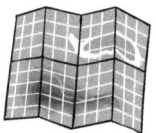

ramani

map

kikapu cha kuweka karatasi chafu

kɛntɛn a yɛde krataa nwura gu mu

hoteli
ahɔhogyebea

hosteli
hostɛl

ROOMS

ofisi ya ubadilishanaji
baabi a yɛ sesa sika

←CHANGE
D

sanduku
potomanto

gari
kaa

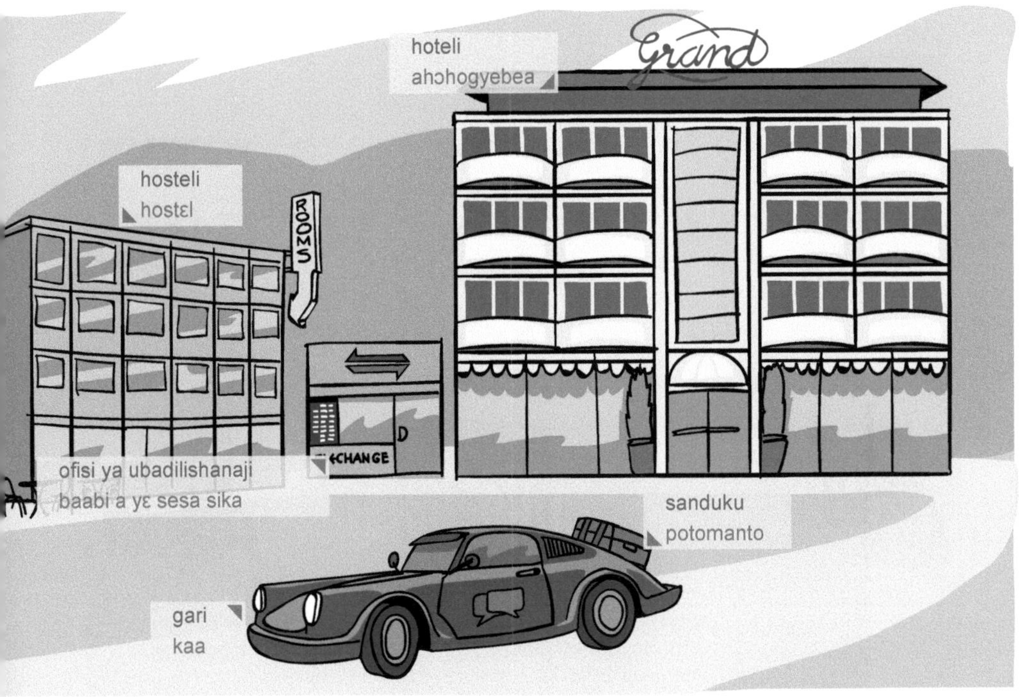

lugha

kasa

ndiyo / la

aane / dabi

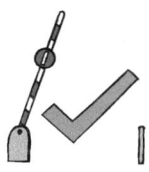

sawa

Yoo

hujambo

hɛlo

mtafsiri

kasa asekyerɛfoɔ

Asante

Medaase

kiasi gani ni ...?

...bɔɔ yɛ sɛn?

Sielewi

Me nte aseɛ

tatizo

ɔhaw

Jioni njema!

Maadwo!

Habari za asubuhi!

Maakye!

Usiku mwema!

Dayie!

kwa heri

baibai o

mwelekeo

akwankyerɛ

mizigo

wo nneɛma

mfuko

bɔtɔ

shanta

akyirebɔtɔ

mgeni

ɔhɔhoɔ

chumba

danmu

begi la kulalia

bɔtɔ a yɛda mu

hema

ntomadan

usafiri - akwantuo

taarifa ya utalii

nsɛm dema wɔn a wɔkɔ nsrahwɛ

ufuo

mpoano

kadi

kaade a yɛde yi sika

kifunguakinywa

anɔpa aduane

chakula cha mchana

awua aduane

chakula cha jioni

anwumerɛ aduane

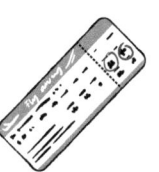

tiketi

tiket

kuinua

pegya

muhuri

stamp

mpaka

ɛhyeɛ so

mila

kutɔmfoɔ

ubalozi

embasi

visa

visa

pasipoti

passpɔt

usafiri

akɔneabadie

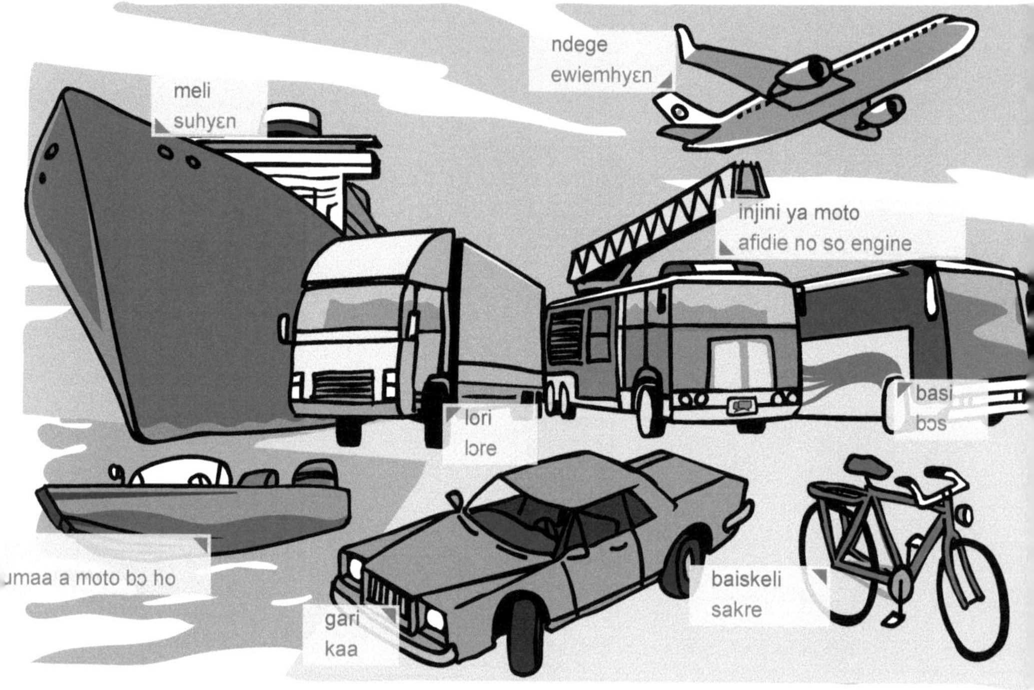
ndege
ewiemhyɛn
meli
suhyɛn
injini ya moto
afidie no so engine
basi
bɔs
lori
lɔre
maa a moto bɔ ho
baiskeli
sakre
gari
kaa

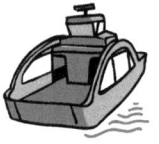

feri

hyɛma

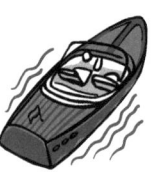

mashua

suhyɛn kumaa

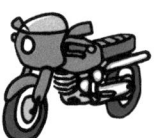

pikipiki

motosakre

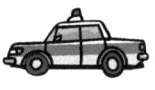

gari la polisi

polisifoɔ kaa

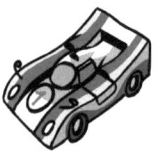

gari la mashindano

kaa a ɛkɔ mirika akansie

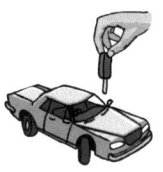

gari la kukodisha

kaa a yɛde ma ahan

kushiriki gari

wɔre kyɛ kaa

lori la kuvuta

lɔre a asɛɛɛ

ukusanyaji taka

bɔɔla kaa

motor

moto

mafuta

pɛtro

kituo cha mafuta

baabi a yɛbu pɛtro

ishara trafiki

trafik ahyɛnsodeɛ

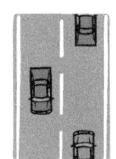

trafiki

trafik

msongamano

trafik akye

maegesho

baabi a yɛde kaa esi

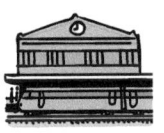

kituo cha treni

keteke gyinabea

reli

keteke kwan

garimoshi

keteke

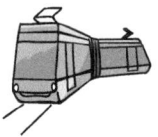

tremu

tram

gari la mizigo

ponkɔ kaa

helikopta

helikopta

uwanja wa ndege

ewiemhyɛnbea

mnara

abansoro

abiria

apasingyani

chombo

tontowa

katoni

adaka

mkokoteni

kaate

kikapu

kɛntɛn

ondoka

atu / asi fam

jiji

kuro kɛseɛ

kijiji

akurase

katikati ya jiji

kuro dwaberɛ mu

nyumba

efie

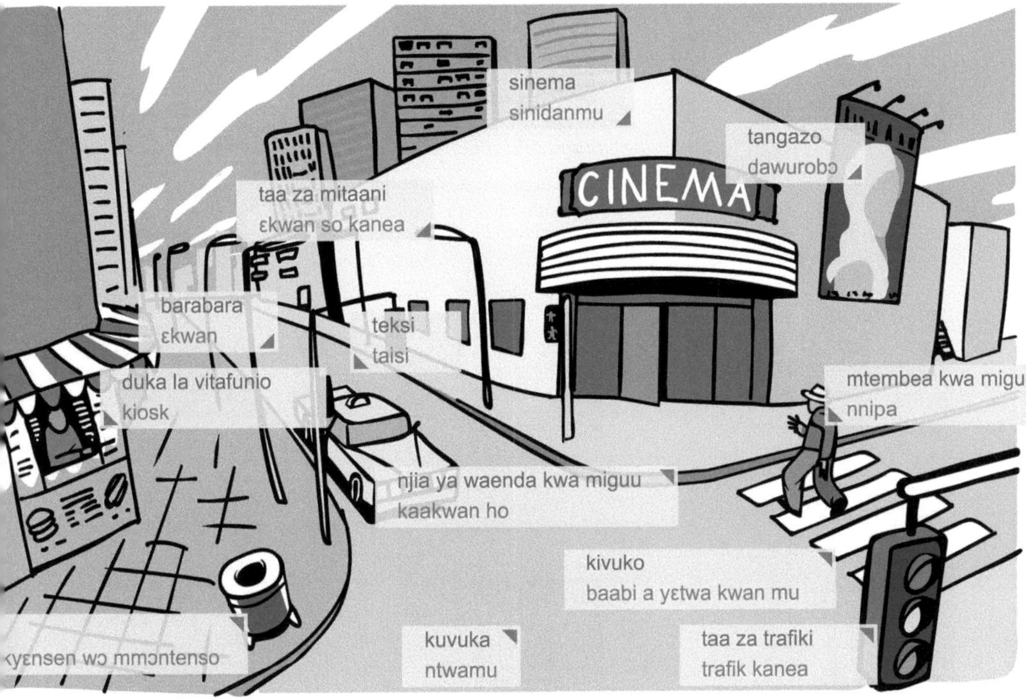

sinema
sinidanmu

tangazo
dawurobɔ

taa za mitaani
ɛkwan so kanea

CINEMA

barabara
ɛkwan

teksi
taisi

mtembea kwa miguu
nnipa

duka la vitafunio
kiosk

njia ya waenda kwa miguu
kaakwan ho

kivuko
baabi a yɛtwa kwan mu

ɛkyɛnsen wɔ mmɔntenso

kuvuka
ntwamu

taa za trafiki
trafik kanea

kibanda
apata

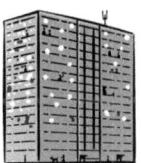

gorofa
efie

kituo cha treni
keteke gyinabea

ukumbi wa mji
adwaberɛm

Makavazi
bea a yɛ kora tete nneɛma

shule
sukuu

chuo kikuu

suapɔn

benki

sikakrobea

hospitali

ayaresabea

hoteli

ahɔhogyebea

duka la dawa

famasi

ofisi

asoeɛ

duka la kitabu

sotɔɔ a wotɔn nwoma

duka

sotɔɔ

duka la maua

baabi yɛtɔn nhwiren

dukakuu

sotɔɔpɔn

soko

edwam

idara ya kuhifadhi

sotɔɔ kɛseɛ

mwuza samaki

baabi a yɛtɔn mpataa

kituo cha ununuzi

dwadibea kɛseɛ

bandari

suhyɛn gyinabea

Hifadhi

baabi kaa gyina

benki

bɛnkye

daraja

ɛtwene

vidato

atwedeɛ

chini ya ardhi

asaase ase

handaki

ɛbɔn

kituo cha mabasi

baabi a bɔs gyina

bar

nsanombea

mgahawa

adidibea

sanduku la posta

lɛta adaka

ishara ya barabara

ɛkwan so akwankyerɛ

mita ya maegesho

baabi kaa gyina ho mita

bustani ya wanyama

zoo

kidimbwi cha kuogelea

nsuo a yɛ dware mu

msikiti

nkramodan

shamba
afuo

uchafuzi
deε egu mmɔnten so fi

makaburini
asieε

kanisa
asɔre

uwanja wa michezo
agodibea

hekalu
asɔre dan

mazingira

mmɔnten so asiesie

jani
ahaban

ishara ya mwelekeo
sanbɔd

njia
kwan

malisho
asaase a εsere wɔ so

jiwe
boba

mtembeaji wa masafa
ɔnantefoɔ

mti
dua

mto
asubɔnten

nyasi
εserε

ua
nhwiren

bonde
....
amenamu

kilima
....
bepɔ

ziwa
....
tadeɛ

msitu
....
kwaeɛ

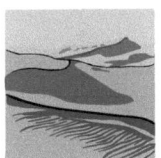

jangwa
....
ɛserɛ so

volkano
....
egya a efri botan mu

ngome
....
abankɛseɛ

upinde wa mvua
....
nyankontɔn

uyoga
....
emere

mtende
....
abɛtene

mbu
....
ntomntom

kuruka
....
tu

chungu
....
ntɛtea

nyuki
....
wowa

buibui
....
ananse

mende
amankuo

chura
apɔnkyerɛni

kuchakuro
opuro

nungunungu
apɛsɛ

sungura
adanko

bundi
patuo

ndege
anomaa

swan
nsuo mu dabodabo

nguruwe mwitu
kɔkɔte

kulungu
adoa

aina ya kongoni
ɔtweenini

bwawa
dam

tabo ya upepo
wind turbine afidie

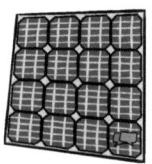

nishaji ya jua
afidie a ɛkye awia

hali ya hewa
wiem nsakraeɛ

mgahawa
adidibea

mhudumu
ɔsom adidieɛ
menyu
aduane a ɛwɔ hɔ
kiti
akonwa
supu
nkwan
piza
pisa
kitambaa cha mezani
ntoma a ɛse pono so
vilia
ntere a yɛde didi

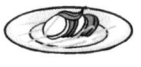

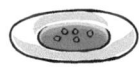

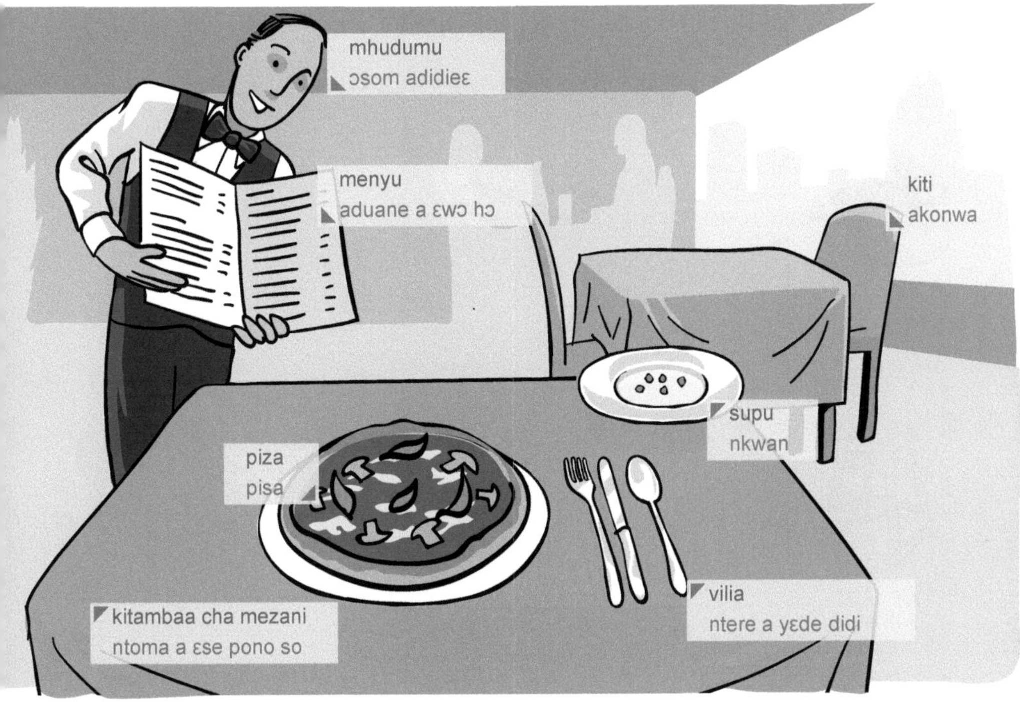

kiamsha hamu
mprampra anom

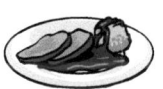

kozi kuu
aduane no ankasa

kitindamlo
mpa anom

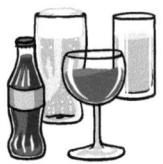

vinywaji
nsa

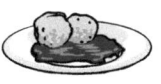

chakula
aduane

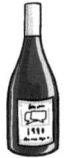

chupa
toa

chakula cha haraka

aduane hyewhyew

Streetfood

abɔnten so aduane

buli

tii kukuo

kisanduku cha sukari

asikyire konko

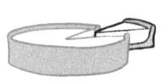

sehemu

wo kyɛfa

mashine ya espresso

espresso afidie

kiti kirefu

akonwa tenten

muswada

wo ka

trei

apanpan

kisu

sekan

uma

adinam

kijiko

atere

kijiko cha chai

atere ketewa

nepi

napkin a yɛde pepa ano

glasi

glase

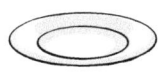

sahani
prɛte

sahani ya supu
kwan kyɛnsee

sufuria
prɛte ketewa

mchuzi
abomu

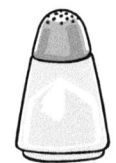

kichanyaji chumvi
nkyene kukuo

kinu cha pilipili
yɛde yam mako

siki
fenega

mafuta
anwa

viungo
aduhwam

kechapu
kɛkyɔp

haradali
mustad

kachumbari nzito
mayones

dukakuu
sotɔɔpɔn

ofa maalum
ntesoɔ soronko
mteja
adetɔfoɔ
maziwa
nanatwie nufusuo
FOR
matunda
aduaba
toroli
hwiili

BUTCHERS

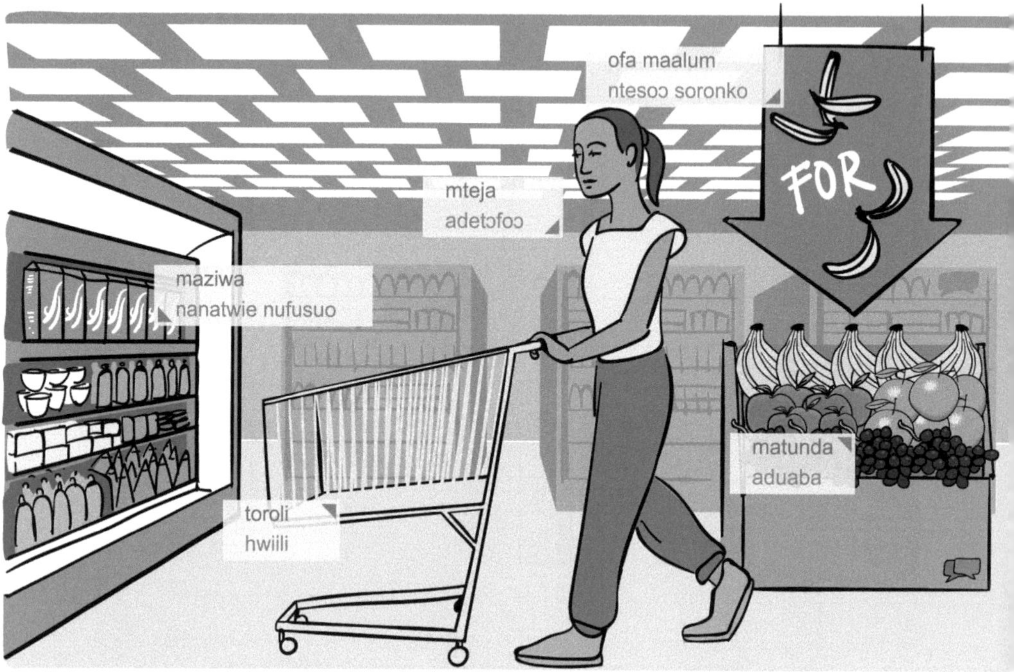

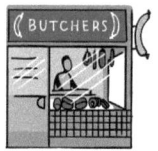

mchinjaji

baabi a yɛtɔn nam

BAKERY

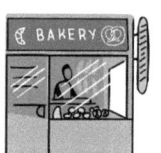

mwokaji

baabi a yɛtɔn paano

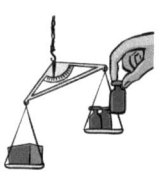

uzito

susu

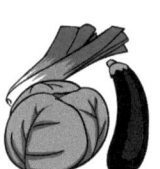

mboga

atosodeɛ

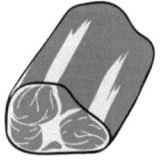

nyama

nam

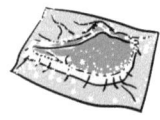

chakula waliohifadhiwa

frigyemu aduane

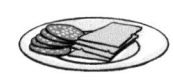

ipande vya nyama baridi

nam a adwɔɔ

chakula cha kopo

kyɛnsee mu aduane

sabuni ya unga

paoda samena

pipi

adedɔkɔdɔkɔ

bidhaa za kaya

efie nneɛma

bidhaa za kusafisha

adetɔneɛ a yɛde pepa fin

mtu mauzo

nnipa a ɔtɔn adeɛ

mpaka

afidie a egye sika

keshia

ɔgyegye sika

orodha ya manunuzi

krataa a wodi rekɔ di dwa

masaa ya ufunguzi

berɛ a wɔde bua

mkoba

sikabotɔ

kadi

kaade a yɛde yi sika

mfuko

baage

mfuko wa plastiki

rɔba baage

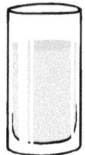

maji

nsuo

sharubati

aduaba mu nsuo

maziwa

nufusuo

coke

kok

mvinyo

wain nsa

bia

biya

pombe

mmorosa

kakao

kokoo

chai

tii

kahawa

kofe

spreso

espresso

kapuchino

kapukyino

ndizi

kwadu

tufaha

apol

machungwa

ankaa

tikiti

melon

lemon

akutɔɔ

karoti

karɔt

kitunguu saumu

garlik

mianzi

pampro

kitunguu

gyeene

uyoga

mmere

karanga

nkateɛ

nudo

talia

spageti

spageti

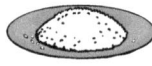

mpunga

ɛmo

saladi

salad

vibanzi

kyipis

viazi vya kukaanga

abrɔdwomaa a y'akye

piza

pisa

hambaga

hambɔga

sandwichi

sanwekye

kipande

nam a dompe nnim

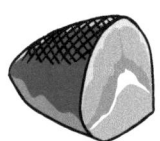

paja la mnyama

preko nam

salami

nam a y'ahata

soseji

sɔsege

kuku

akokɔ

choma

toto

samaki

apataa

oats ya uji

oosu koko

muesli

muesli

cornflakes

konflese

unga

esam

kroisanti

krossant

andazi

paano a y'abobɔ

mkate

paano

mkate wa kubanika

paano a y'atoto

biskuti

biskete

siagi

bɔta

maziwa mgando

nufusuo a ada

keki

keeke

yai

kosua

yai kukaanga

kosua a y'akyeɛ

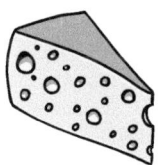

jibini

kyiis

chakula - aduane

aiskrimu

asskrim

sukari

asikyire

asali

ɛwoɔ

jemu

gyaam

kuenea kwa chokoleti

kyokolete

mchuzi wa viungo

kɔri

shamba
afuo

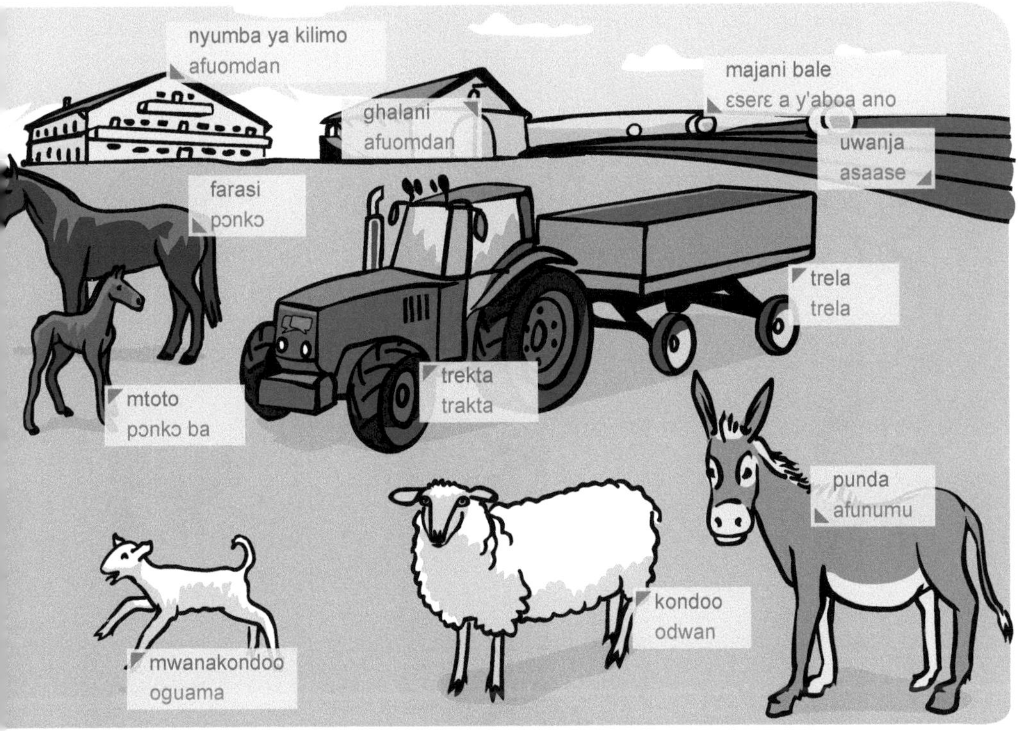

nyumba ya kilimo
afuomdan
ghalani
afuomdan
majani bale
ɛserɛ a y'aboa ano
uwanja
asaase
farasi
pɔnkɔ
trela
trela
trekta
trakta
mtoto
pɔnkɔ ba
punda
afunumu
kondoo
odwan
mwanakondoo
oguama

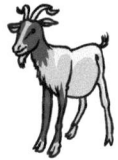

mbuzi

apɔnkye

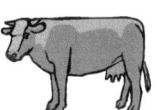

ng'ombe

nantwie

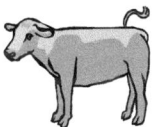

ndama

nantwie ba

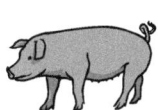

nguruwe

prɛko

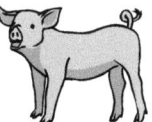

mwananguruwe

prɛko ba

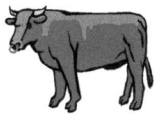

fahali

nantwinini

batabukini

dabodabo nua

bata

dabodabo

kifaranga

akokɔba

kuku

akokɔbedeɛ

jogoo

akokɔnini

panya

kusie

paka

ɔkra

panya

akura

ng'ombe

nantwinini

mbwa

kraman

nyumba ya mbwa

kraman buo

bomba la bustani

afuom drobɛn

debe la kumwagilia maji

tontora a yɛde gu nsuo

fyekeo

sekan a yɛde twa aburo

kulima

funtum dadeɛ

mundu

kontonkro

jembe

aso

uma wa nyasi

afuom adinam

shoka

akuma

toroli

hweebaro

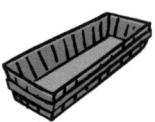

kupitia nyimbo

adidika

chombo cha maziwa

nufusuo konko

gunia

boto

ua

ɛban

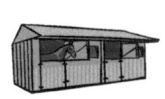

imara

ponko dan

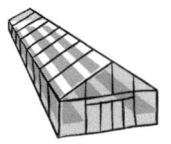

chafu

ntomadan a yɛyɛ mu afuo

udongo

anwea

mbegu

aba

mbolea

ɔyɛ asaaseyie

kivunaji

otwaberɛ trakta

mavuno
....
twa

mavuno
....
otwaberε

viazi vikuu
....
bayerε

ngano
....
ayuo

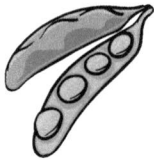

soya
....
soya

viazi
....
abrɔdwomaa

mahindi
....
aburo

rapa
....
repu aba

mti wa matunda
....
dua a εso aba

muhogo
....
bankye

nafaka
....
aburo asefoɔ

nyumba
efie

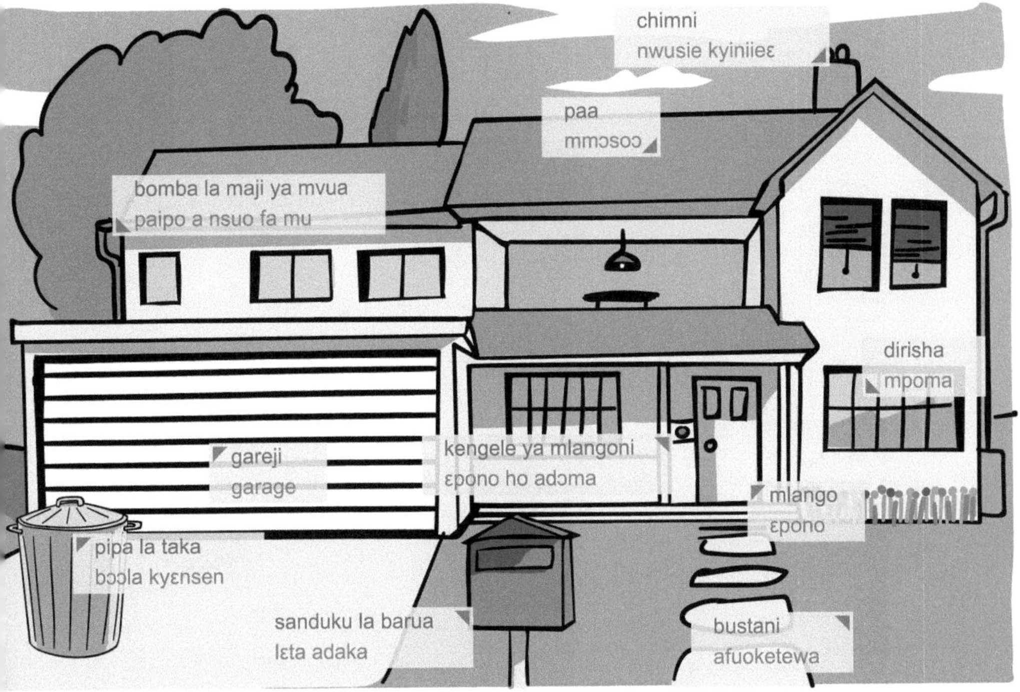
chimni
nwusie kyiniieɛ
paa
mmɔsoɔ
bomba la maji ya mvua
paipo a nsuo fa mu
dirisha
mpoma
gareji
garage
kengele ya mlangoni
ɛpono ho adɔma
mlango
ɛpono
pipa la taka
bɔɔla kyɛnsen
sanduku la barua
lɛta adaka
bustani
afuoketewa

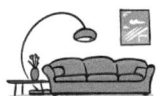

sebuleni

asaso

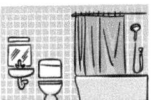

bafu

adwareɛ

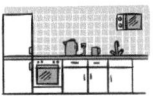

jikoni

mukaase

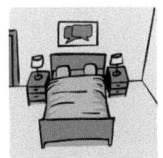

chumba cha kulala

pie mu

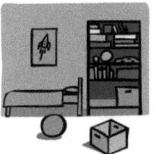

chumba ya mtoto

nkwadaa dan mu

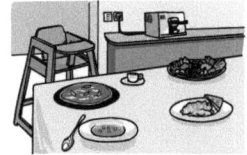

chumba cha kulia

dan a yɛdidi mu

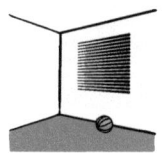

sakafu

εfam

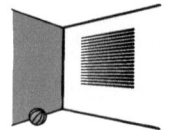

ukuta

εban

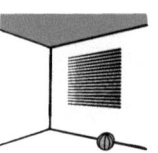

dari

abruuso

pishi

danbloo

sauna

adwereε a εbɔ ɔhyew

roshani

abranaa

mtaro

abranaaso

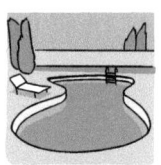

kidimbwi

nsuo a yεdware mu

mashine ya kukata nyasi

afidie a yεde dɔ

karatasi

nsεfam

kitambaa cha kupamba
kitanda

ntoma a εse kεtε so

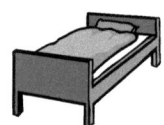

kitanda

mpa

ufagio

prayε

ndoo

bokiti

kubadili

dane

sebuleni

asaso

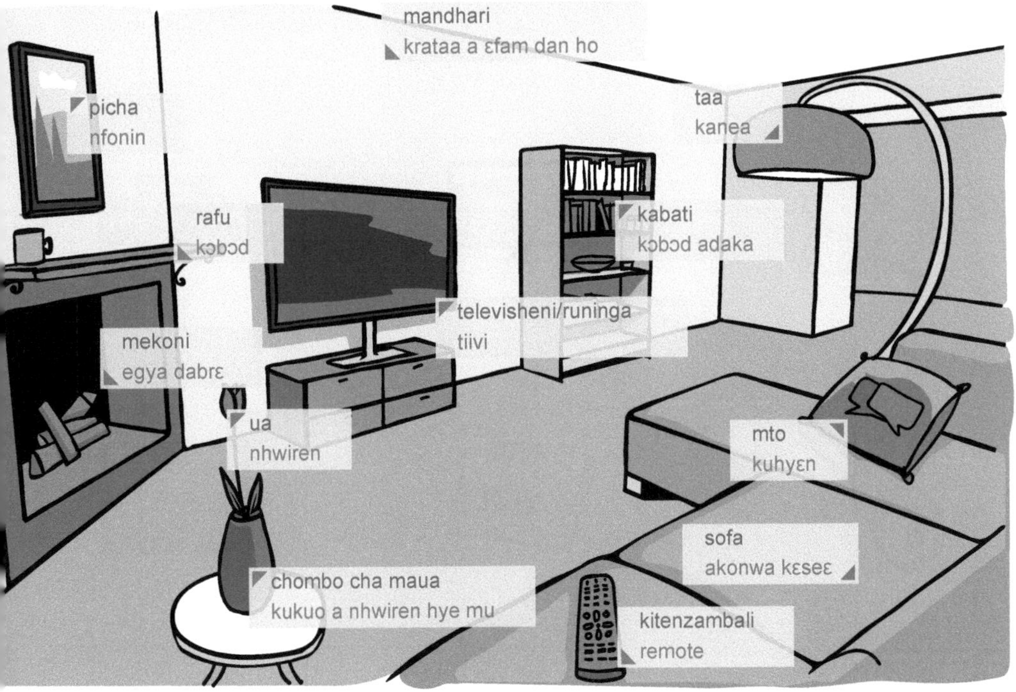
mandhari
krataa a ɛfam dan ho
picha
nfonin
taa
kanea
rafu
kɔbɔd
kabati
kɔbɔd adaka
televisheni/runinga
tiivi
mekoni
egya dabrɛ
ua
nhwiren
mto
kuhyɛn
sofa
akonwa kɛseɛ
chombo cha maua
kukuo a nhwiren hye mu
kitenzambali
remote

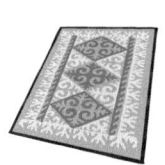

zulia

kapɛte

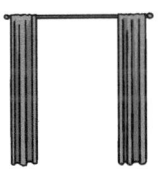

pazia

ntwaa dan mu

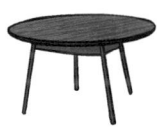

meza

ɛpono

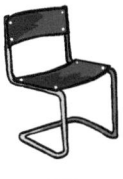

kiti

akonwa

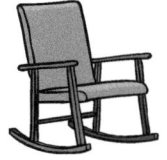

kiti cha bembea

akonwa a ehinhim

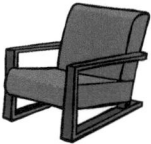

armchair

akonwa a yɛgyegye dan

kitabu

nwoma

blanketi

kuntu

mapambo

dan mu nsiesie

kuni

egya

filamu

sini

kifaa cha hi-fi

wailɛs

ufunguo

safoa

gazeti

koowaa krataa

uchoraji

nfonin a y'adwi

bango

nfam danho

redio

radio

daftari

krataa a yɛ twere mu

kifyonza

afidie a ɛprapra

dungusi kakati

kaktus

mshumaa

kyɛnere

jikoni
mukaase

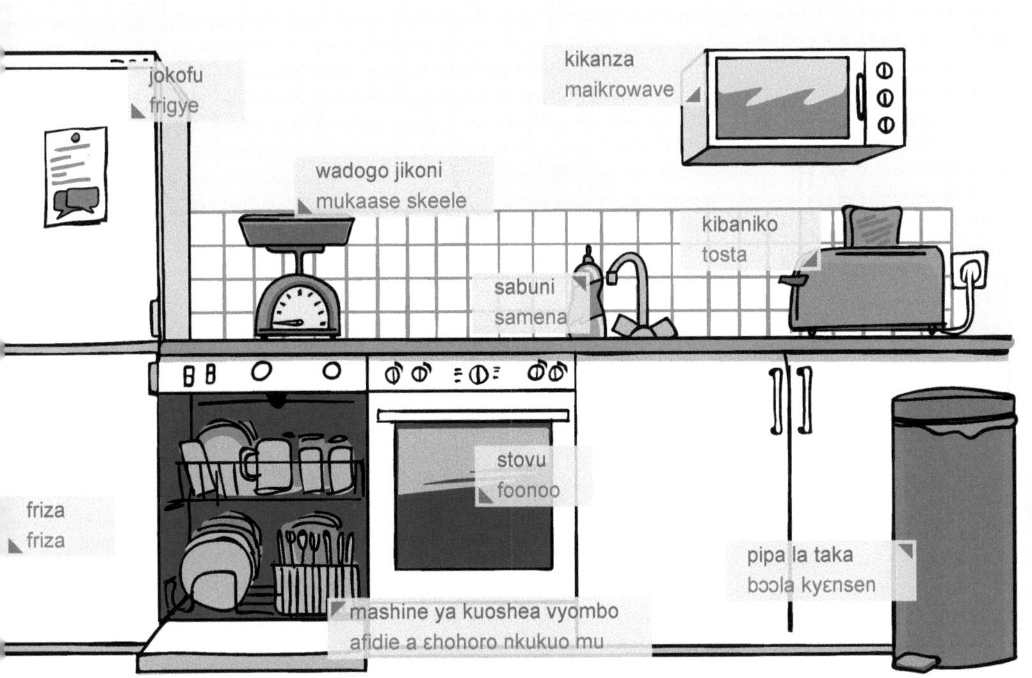
jokofu
frigye
kikanza
maikrowave
wadogo jikoni
mukaase skeele
kibaniko
tosta
sabuni
samena
stovu
foonoo
friza
friza
pipa la taka
bɔɔla kyɛnsen
mashine ya kuoshea vyombo
afidie a ɛhohoro nkukuo mu

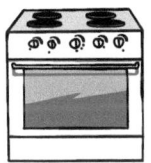

jiko la kupika

abɛɛfo bukyea

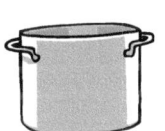

chungu

kokuo

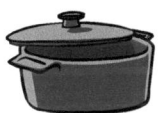

sufuria ya chuma

dadesɛn

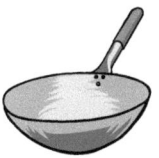

wok / kadai

wok / kadai

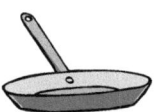

kaango

kyɛnsee

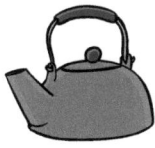

birika

nsuo hyeɛ afidie

stima

stiima

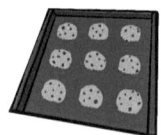

sinia ya kuoka

apa a yɛ to so adeɛ

vyombo vya udongo

prɛte, kuruwa, ntere ne nea ɛkeka ho

kombe

kuruwa a etumi bɔ

bakuli

kyɛnsee

vijiti vya kulia

nnua a yɛde didi

ukawa

kwantre

mwiko mpana

dua atere

burashi

yɛde nu adeɛ mu

kichujio

sɔneɛ

chujio

fefe

mbuzi

greta

chokaa

waduro

barbeque

kyinkyinga

moto wazi

bukyea

jikoni - mukaase

ubao wa majaribio
⠄pono a yɛ twitwaso adeɛ

kijiti cha kusukuma unga
ɛta

kizibuo
deɛ yɛtu nsa so

kopo
konko

inaweza kopo
deɛ yɛde bue konko so

kishikio cha chungu
yɛde sɔ kukuo mu

karo
sink

brashi
brɔhye

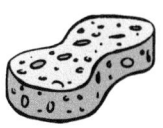

sifongo
sapɔ

kisagaji matunda
aduane yam fidie

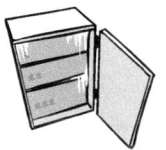

friji ya kina
friza nini

chupa ya mtoto
toa a abɔdoma nom ano

bomba
paipo

bafu

adwareɛ

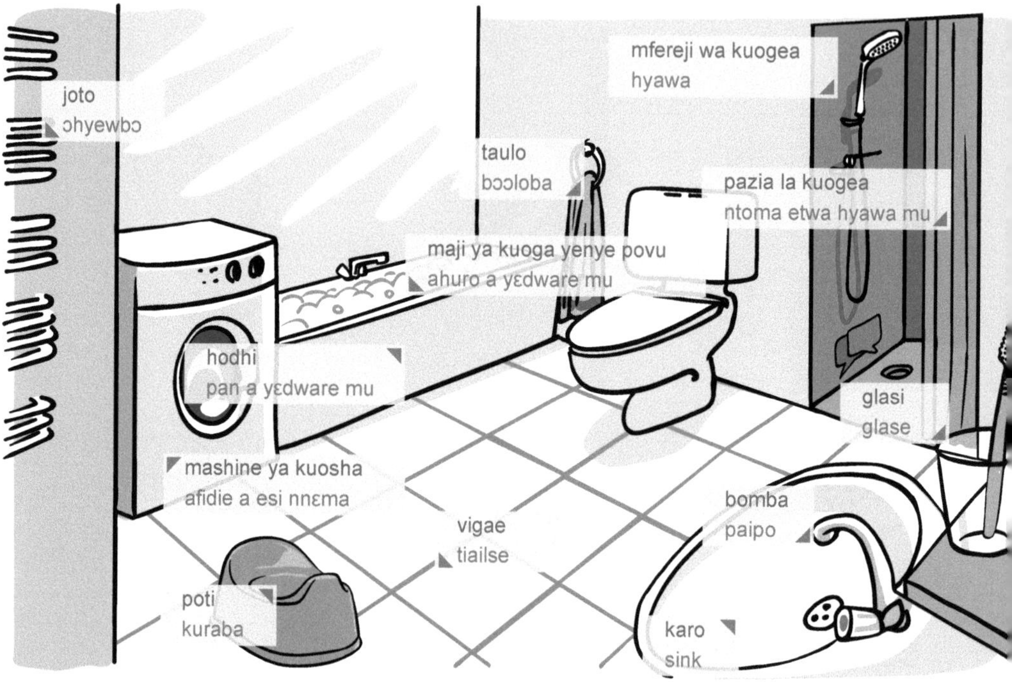

joto
ɔhyewbɔ
mfereji wa kuogea
hyawa
taulo
bɔɔloba
pazia la kuogea
ntoma etwa hyawa mu
maji ya kuoga yenye povu
ahuro a yɛdware mu
hodhi
pan a yɛdware mu
glasi
glase
mashine ya kuosha
afidie a esi nnɛma
bomba
paipo
vigae
tiailse
poti
kuraba
karo
sink

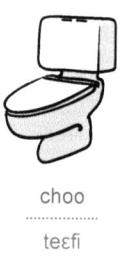

choo
....
teɛfi

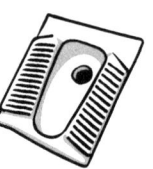

choo cha squat
....
teɛfi a yɛ koto so

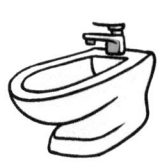

beseni la mviringo
....
bidet teɛfi

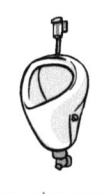

choo cha umma
....
dwonsɔ dan

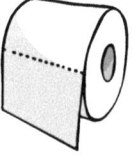

shashi
....
teɛfi so krataa

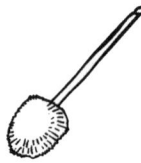

brashi ya choo
....
teɛfi so brɔhye

mswaki
rɔhye a yɛde twitwiri see

dawa ya meno
aduro a yɛde twitwiri see

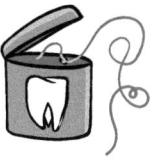

dawa ya meno
yɛde yiyi ɛsee mu

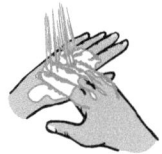

safisha
si

kuoga mkono
hyawa a yɛsɔ mu

msukumo wa maji
paipo a yɛde hohoro
ananmu

bonde
bokiti

mpako wa pili
brɔhye a wode dware w'akyi

sabuni
samena

jeli ya kuogea
hyawa samena

shampuu
nsuo samena

flana
flanɛl ntoma

toa maji
baabi a nsu fa pue

krimu
nku

kiondoa harufu
yɛde fefa amotoamu

kioo

ahwehwɛ

kioo mkono

ahwehwɛ a yɛsɔ mu

kinyozi

bled

povu la kunyoa

ahuro a yɛde yi nwi

baada ya kunyoa

aduro a yɛde fefa baabi a
wo ayi nwi

kichana

afen

brashi

brɔhye

kikausha nywele

afidie a ɛwo nwi

marashi ya nyewele

enwi sopre

vipodozi

pɔns

kidomwa

lipstike

varnish ya msumari

penti a yɛde mɔreɛ so

pamba

asaawa

mkasi wa kucha

apasoɔ a etwa mmɔreɛ

manukato

aduhwam

mkoba wa kuosha

adwareɛ baage

kinyesi

edwa

mizani

skele

nguo ya kuoga

adwereɛ ataadeɛ

glavu za mpira

rɔba a yɛde hyɛ nsa ho

kisodo

tampon

sodo

abɛɛfo amonsen

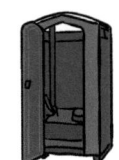

kemikali choo

teɛfi a aduro gum

chumba ya mtoto
nkwadaa dan mu

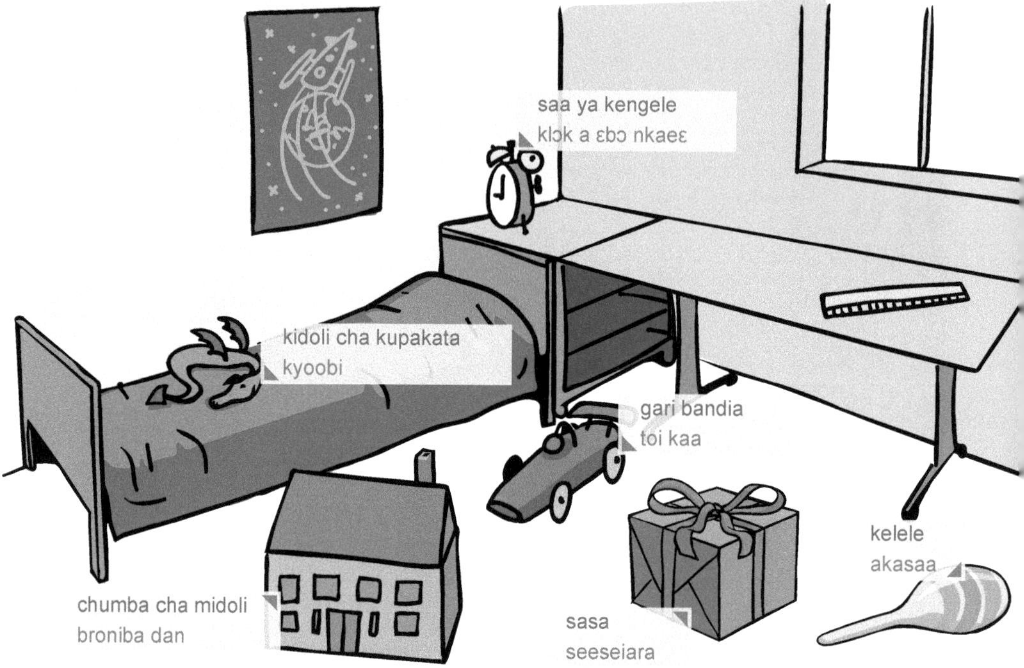
saa ya kengele
klɔk a ɛbɔ nkaeɛ
kidoli cha kupakata
kyoobi
gari bandia
toi kaa
kelele
akasaa
chumba cha midoli
broniba dan
sasa
seeseiara

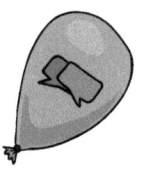

baluni
baaluu

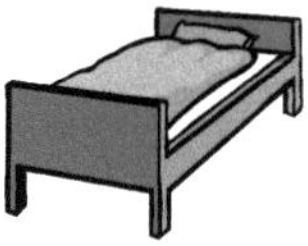
kitanda
mpa

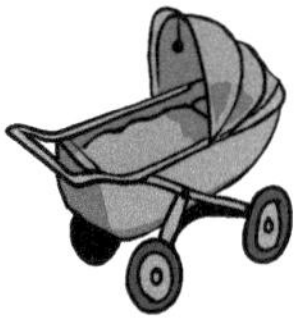
mashua
nkwadaa kaa

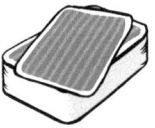

staha ya kadi
sopaa

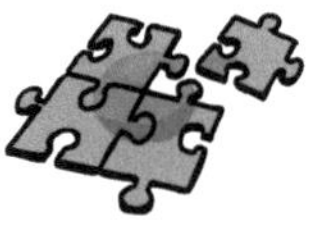
mchezo-fumb
gyiksɔɔ

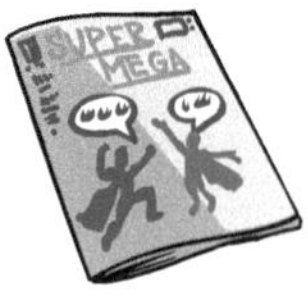
SUPER MEGA
vichekesho
nsɛnkwa

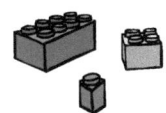

matofali lego

lego blɔg

vitalu mwigo

blɔg a yɛde si dan

hatua takwimu

nnipa ɔbɔhye

suti ya kulalia

abɔdoma ataadeɛ

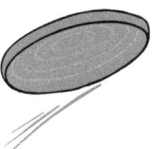

kisahani

frisbee

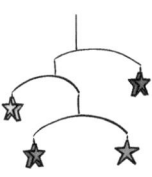

simu

mobail

ubao wa michezo

ponoso agodie

kete

daahye

garimoshi mwigo

nkwadaa keteke

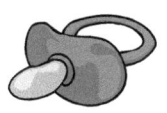

dummy

koliko

chama

apontoɔ

picha kitabu

nfonin nwoma

mpira

bɔɔlo

kikaragosi

broniba

kucheza

di agorɔ

shimo la mchanga

anwea adaka

bembea

adonko

vitu bandia

tois

kiweko cha video ya mchezo

video agodie apaawa

baiskeli ya magurudumu

sakre a ne nan mɛɛnsa

matatu

mwanasesere

kyoobi

kabati

wɔdropo

---

nguo

ntaadeɛ

soksi

sɔks

stokingi

stokens

kibano

sekentait

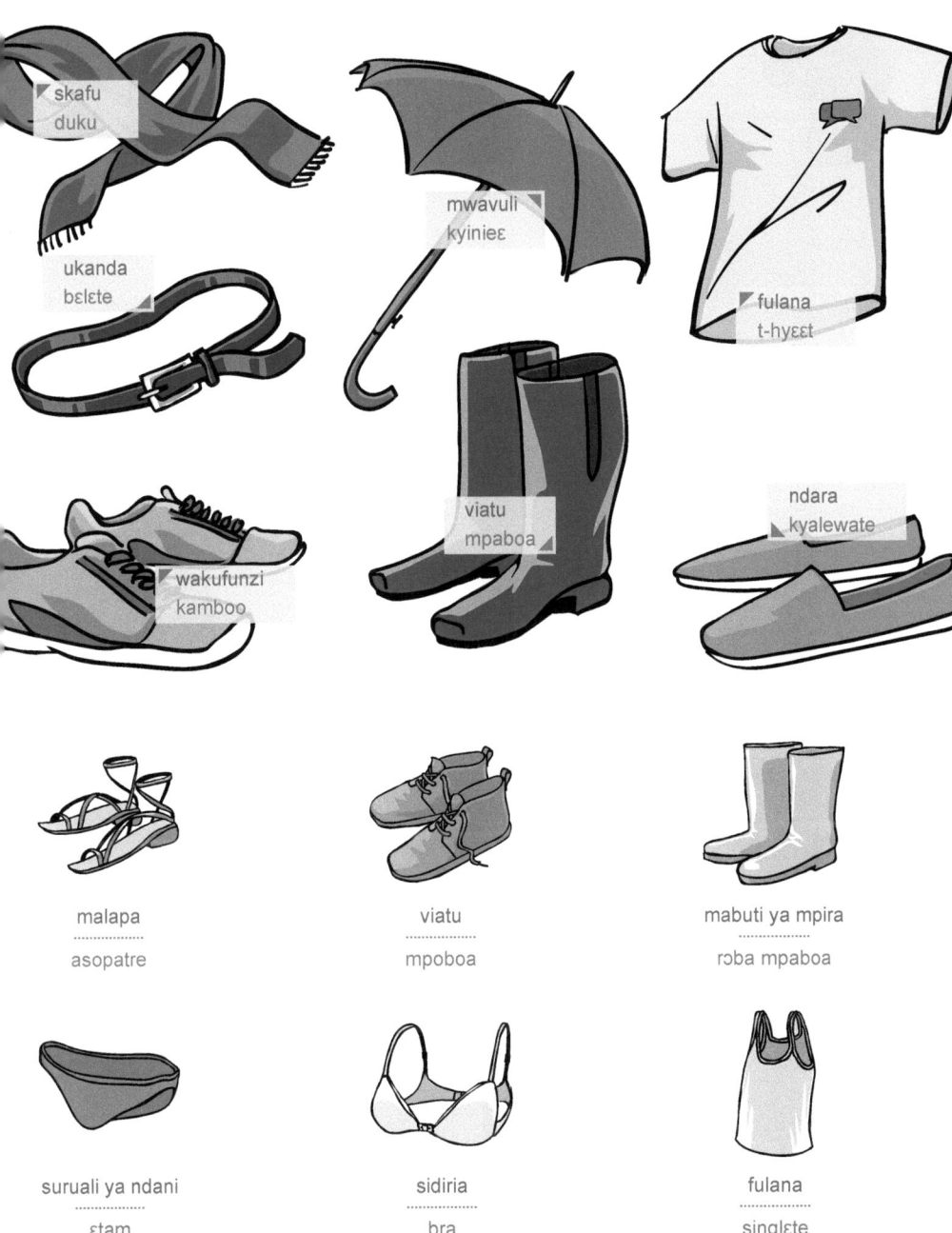

skafu
duku

mwavuli
kyinieɛ

fulana
t-hyɛɛt

ukanda
bɛlɛte

viatu
mpaboa

ndara
kyalewate

wakufunzi
kamboo

malapa
asopatre

viatu
mpoboa

mabuti ya mpira
rɔba mpaboa

suruali ya ndani
ɛtam

sidiria
bra

fulana
singlɛte

mwili
....
nipadua

suruali
....
trɔsa

dangirizi
....
gyins

sketi
....
sekɛɛt

blauzi
....
ɛsoro ataadeɛ

shati
....
hyɛɛte

vuta
....
nkatoho a ɛko awɔ

sweta
....
hoodie

bleza
....
koot

jaketi
....
nkatasoɔ

koti
....
nkatasoɔ

koti la mvua
....
nsutɔ mu nkataho

maleba
....
dwumadie bi ho ataadeɛ

gauni
....
mmaa atadeɛ

mavazi ya harusi
....
ayefrɔ ataadeɛ

suti
kootu

vazi la usiku
mmaa ataadeɛ a yɛde da

pajama
pigyamas ataadeɛ

sari
sari

skafu
duku

kilemba
abotire

burka
burka

kaftan
kaftan

abaya
nkramofoɔ mmaa atadeɛ

vazi la kuogelea
ataadeɛ a yɛde dware nsuo

vazi la kiume la kuogelea
asenemu ataadeɛ

kaptura
nika

teitei
agokansie ntaadeɛ

aproni
akatasoɔ

glavu
nsa nkataho

kifungo

bɔtom

glasi

sopɛɛse

bangili

ahwneɛ

mkufu

komadeɛ

pete

kawa

herini

asomadeɛ

kofia

ɛkyɛ

kiango cha koti

yɛde koot sɛn so

kofia

ɛkyɛ

tai

abɔmene mu

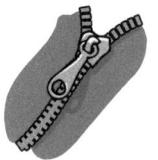

zipu

zip

kofia

ɛkyɛ denden

kanda za suruali

bresis

sare za shule

sukuu ataadeɛ

sare

adwuma ataadeɛ

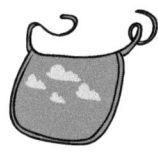

bibu

mmɔfra bib

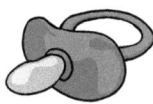

dummy

koliko

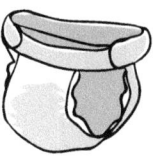

nepi

nkwadaa napken

ofisi

asoeɛ

seva
sɛɛva
kabati la kuweka faili
kabenɛt
kichapishaji
printa
karatasi
krataa
kiwambo
monita
kipanya
Maws
dawati
ɛpono a yɛyɛ so adwuma
folda
nhyemu
kibodi
ntwerɛeɛ pono
cha kuweka karatasi chafu
a yɛde krataa nwura gu mu
kiti
akonwa
kompyuta
komputa

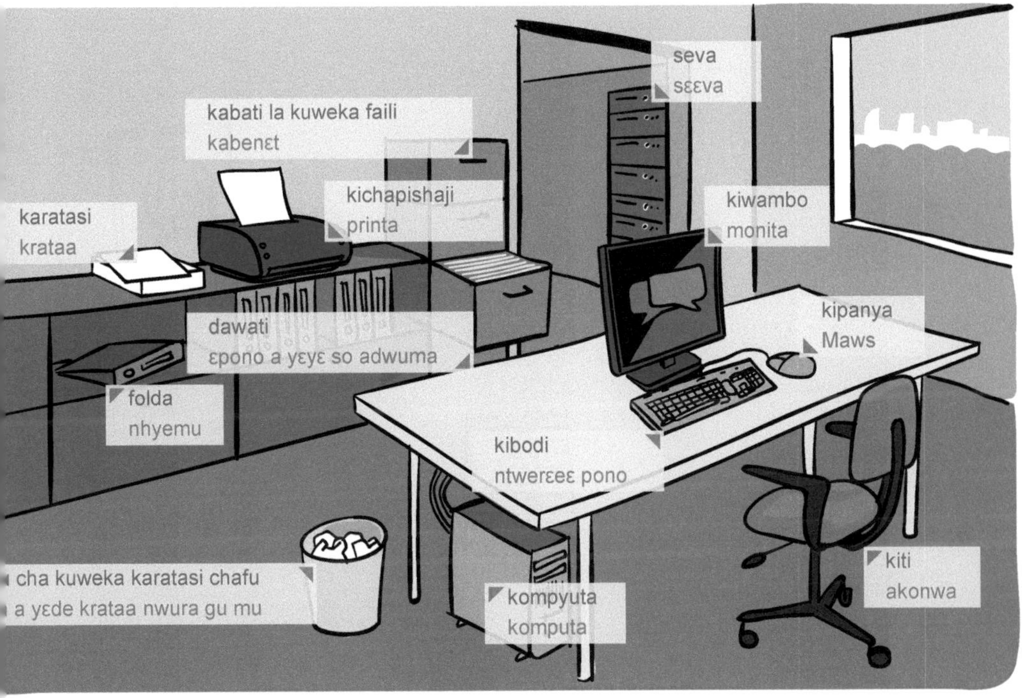

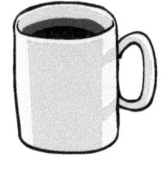

kmobe la kahawa

kɔfe kuruwa

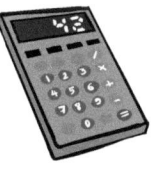

kikokotoo

akontabuo fidie

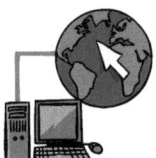

biashara

intanɛt

mbali
laptop

barua
lɛta

ujumbe
nkratɔɔ

rununu
mobail kasafidie

intaneti
nɛtwɛke

fotokopia
fotokɔpi

programu
softwɛɛ

simu
tetefon

soketi
sɔkɛt

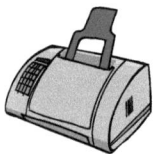

kipepesi
faks afidie

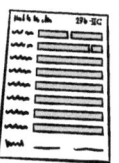

fomu
katraa

hati
nkrataa

50

ofisi - asoeɛ

kununua
....
tɔ

kulipa
....
tua

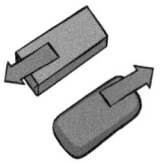

biashara
....
di dwa

fedha
....
sika

dola
....
dollar

yuro
....
euro

yeni
....
yen

rouble
....
rubel

faranga ya Uswisi
....
Swiss franks

renminbi yuan
....
renminbi yuan

rupia
....
rupii

eneo la kulipia
....
baabi yɛtua sika

ofisi ya ubadilishanaji

baabi a yɛ sesa sika

dhahabu

sika kɔkɔɔ

fedha

dwetɛ

mafuta

now

nishati

ahoɔden

bei

ne boɔ

mkataba

kontragye

kodi

ɛtoɔ

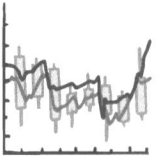

bidhaa

stɔk

kazi

adwuma

mfanyakazi

adwumayɛni

mwajiri

adwumawura

kiwanda

mfididwuma mu

duka

sotɔɔ

kazi
nwuma ahodoɔ

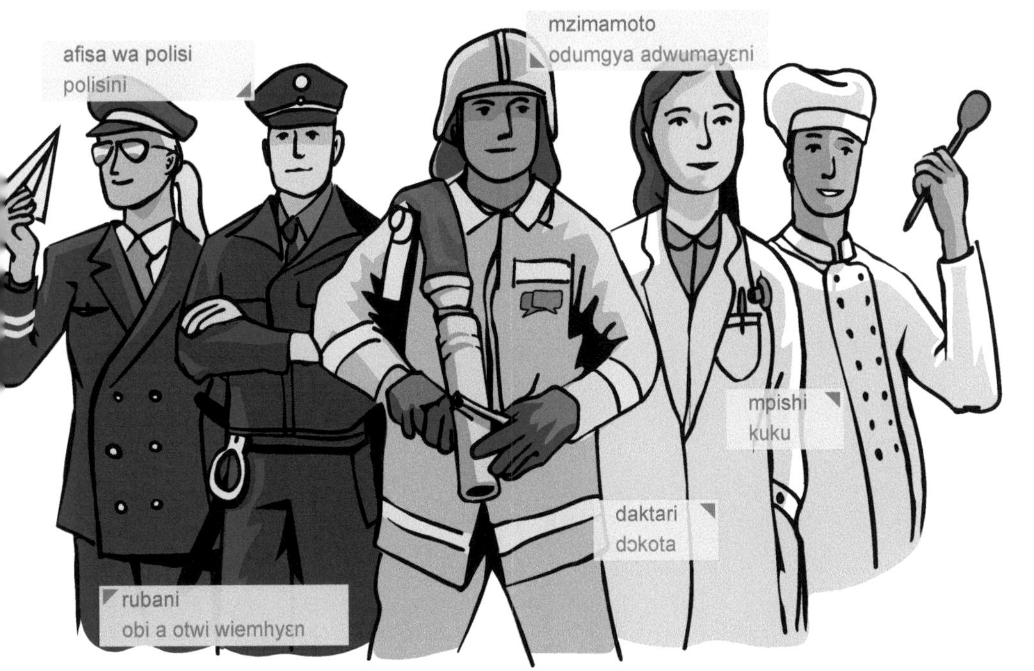
afisa wa polisi
polisini
mzimamoto
odumgya adwumayɛni
mpishi
kuku
daktari
dɔkota
rubani
obi a otwi wiemhyɛn

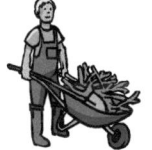

mtunza bustani

ɔyɛ afuo

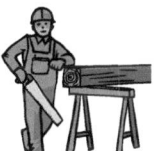

seremala

dua dwomfoɔ

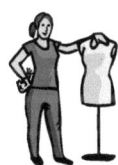

mshonaji

adepani baa

hakimu

atɛnmuafoɔ

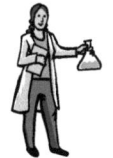

mwanakemia

ɔtɔn nnuro

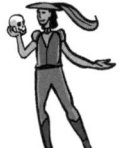

muigizaji

sini yɛfoɔ

dereva wa basi

bɔs drɔba

dereva wa teksi

taisi drɔba

mvuvi

ɔpofoɔ

mwanamke wa kusafisha

ɔbaa a osiesie fie

mwezekaji

ɔbɔdanso

mhudumu

ɔsom adidieɛ

mwindaji

bɔmɔfoɔ

mchoraji

penta

mwokaji

ɔto paano

umeme

ɔyɛ nkaneɛ ho adwuma

mjenzi

ɔdansifoɔ

mhandisi

inginia

mchinjaji

ɔdwa nam

fundi bomba

plɔmba

mwanaposta

krataa manefoɔ

mwanajeshi

sogyani

msanifu majengo

ɔdwi adan

keshia

ɔgyegye sika

muuza maua

ɔtɔn nhwiren

msusi

ɔyɛ tire

kondakta

meeti

mekanika

fitani

nahodha

nnipa a otwi suhyɛn

daktari wa meno

ɛsee dɔkota

mwanasayansi

abɔdeɛ mu nimdefoɔ

rabbi

rabi

imamu

kramo panin

mtawa

ɔsɔfo

kasisi

osɔfo

kazi - nwuma ahodoɔ

zana
anwenade

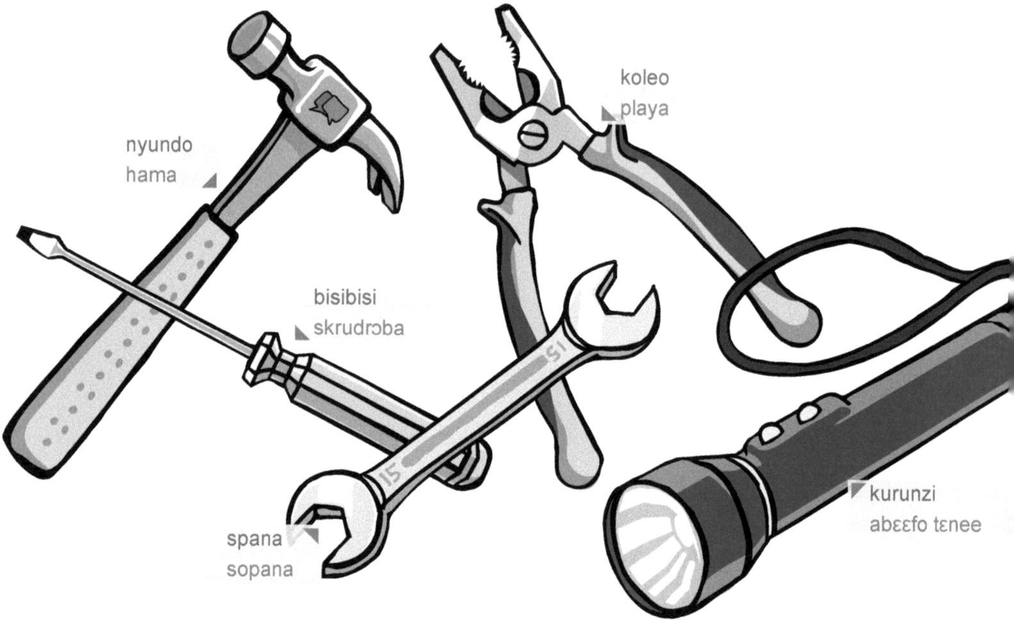

koleo
playa
nyundo
hama
bisibisi
skrudrɔba
kurunzi
abɛɛfo tɛnee
spana
sopana

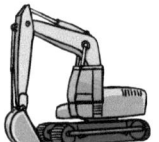

mchimbaji
otu amena

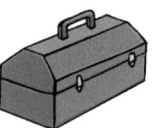

sanduku la vifaa
anwenade adaka

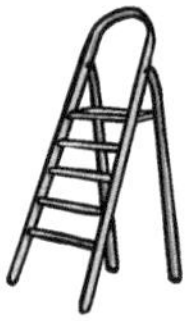

ngazi
atwedeɛ

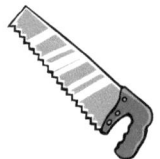

msumeno
asradaa

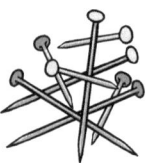

misumari
nnadewa

kuchimba visima
afidie a yɛde bɔne tokro

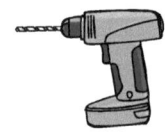

kukarabati
siesie

sepetu
sofi

Lo!
Ebei!

kishikio cha uchafu
asanwura

chungu cha rangi
penti kukuo

skurubu
skruu

ala za muziki
nneɛma a yɛde bɔ nwom

mpangilio wa ngoma
nneama a yɛde bɔ ntwene

spika
msopika a anoyɛden

gita
dwitae

besi mara mbili
bass dwitae kɛseɛ

tarumbeta
abɛn

piano

sankuo

fidla

ahoma sankuo

ubeji

bass dwitae

timpani

atumpan

ngoma

ntwene

kibodi

ntwerɛeɛ apa

saksafoni

saksofon

filimbi

atentenbɛn

maikrofoni

maikrofon

bustani ya wanyama

zoo

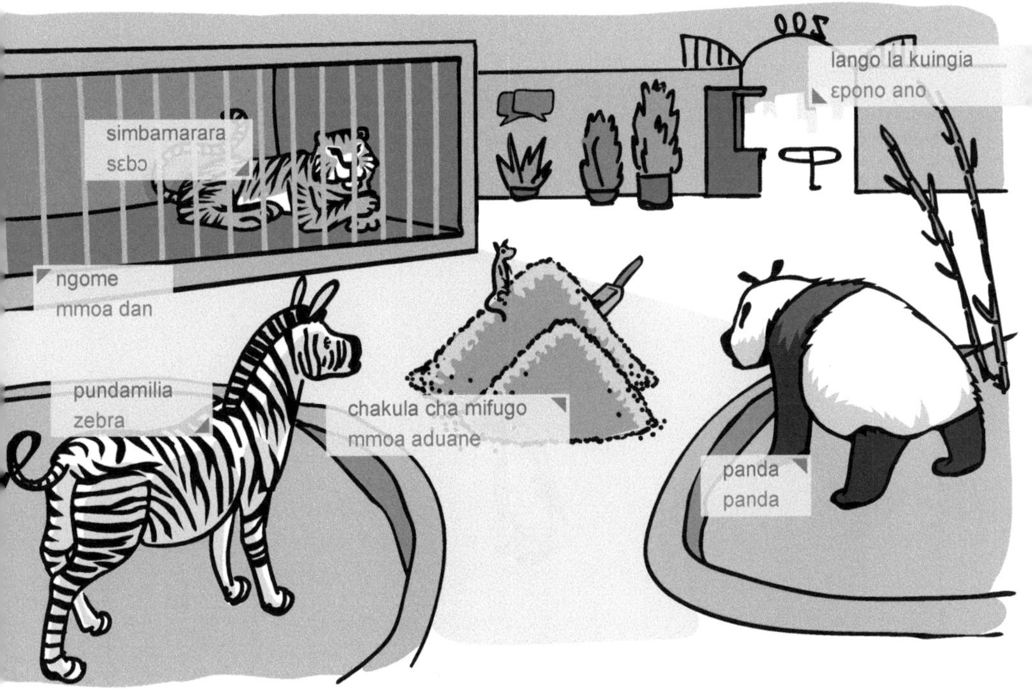
zoo
lango la kuingia
ɛpono ano
simbamarara
sɛbɔ
ngome
mmoa dan
pundamilia
zebra
chakula cha mifugo
mmoa aduane
panda
panda

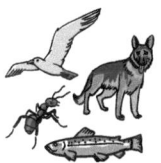

wanyama

mmoa

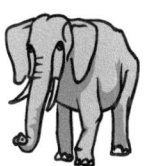

tembo

ɔsono

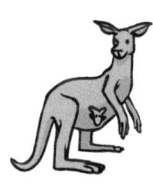

kangaruu

kangaru

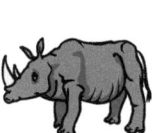

kifaru

raino

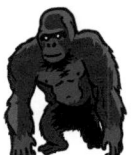

sokwe

akatea

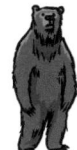

dubu

sisire

ngamia

afunupɔnkɔ

mbuni

sohori

simba

gyata

tumbili

adwee

heroe

flamingo

kasuku

ako

dubu

awɔ mu sisire

penguini

penguin

papa

oboodede

tausi

akɔkonini abankwa

nyoka

wɔwɔ

mamba

dɛnkyɛm

mtunza wanyama

nnipa ɛhwɛ zoo so

muhuri

nsuo mu gyata

jaguar

sebɔ

mwanafarasi
pɔnkɔ ba

chui
etwie

kiboko
susuono

twiga
kɔntenten

tai
ɔkɔdeɛ

nguruwe mwitu
kokɔte

samaki
apataa

kobe
sudandan

sili
walrus

mbweha
sakraman

paa
ɔtwee

soka ya marekani
Amerikafɔɔ futbɔɔlo

uendeshaji baiskeli
skre twie

tenisi
tennis

mpira wa kikapu
basketbɔɔlo

kuogelea
nsuom adwareɛ

ndondi
akutruku

magongo ya barafuni
asukɔkyea so hɔki

soka
futbɔl

vinyoya
badmintin

riadha
mirikatuo

mpira wa mikono
bɔɔlo a yɛde nsa bɔ

skii
skii

polo
polo

shughuli
nwumadie

cheka
sere
kuruka
huri
kumbatia
bam
kutembea
nante
kuimba
to dwom
ota ndoto
so daeɛ
kuomba
bɔ mpaeɛ
busu
fe ano

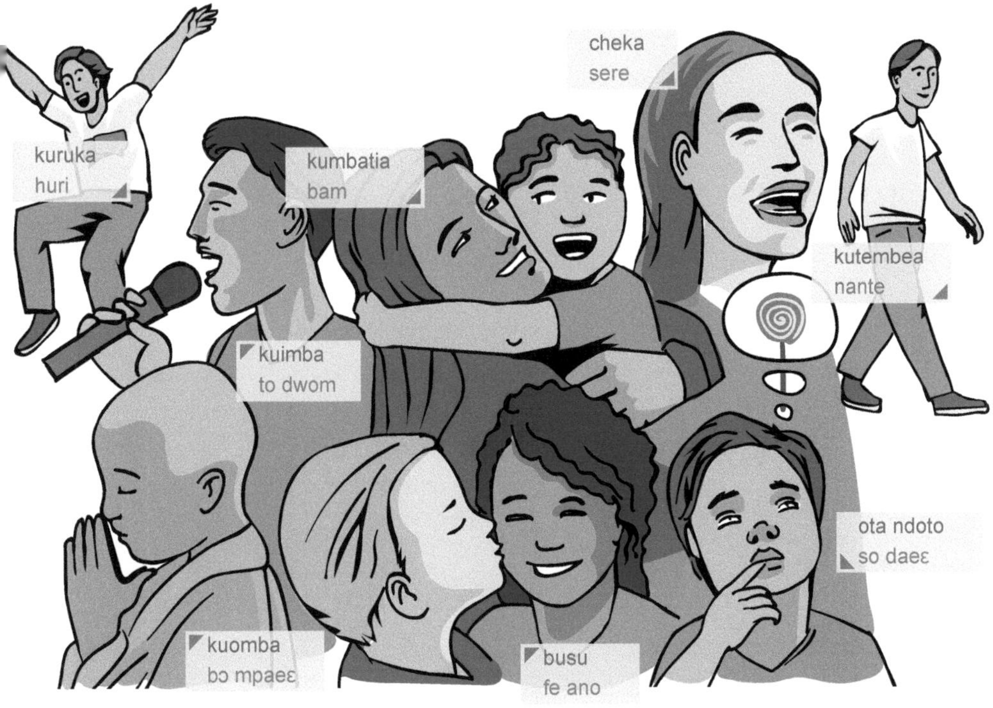

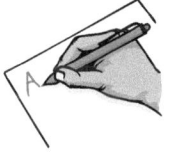

kuandika
twerɛ

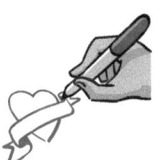

kuteka
dwi

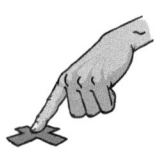

angalia
kyerɛ

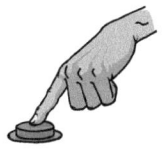

sukuma
pia

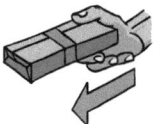

kutoa
ma

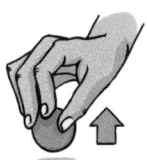

kuchukua
fa

kuwa
nya

fanya
yɛ

kuwa
yɛ

kusimama
gyina

kukimbia
tu mirika

vuta
twe

kutupa
to

kuanguka
tɔ fam

hadaa
da hɔ

kusubiri
twɛn

kubeba
soa

kukaa
tenase

vaa nguo
hyɛ ataadeɛ

usingizi
da

kuamka
nyane

kuangalia

hwɛ

lia

su

kiharusi

san ho

chana nywele

nunum

ongea

kasa

kuelewa

te aseɛ

kuuliza

bisa

kusikiliza

tie

kunywa

nom

kula

didi

nadhifisha

yɛ nsiesie

upendo

ɔdɔ

mpishi

noa

gari

twi

kuruka

tu

meli

fa nsuo so

kokotoa

sese

kusoma

kenkan

kujifunza

sua

kazi

adwuma

kuoa

ware

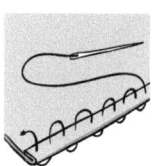

kushona

pam

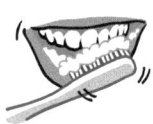

piga mswaki

twitwiri wo se

kuua

kum

moshi

nom gyɔt

kutuma

mane

bibi
nana baa

babu
nana barima

baba
papa

mama
maame

mtoto
abɔdoma

binti
ba baa

bin
ba barima

mgeni
ɔhɔhoɔ

shangazi
sewaa

mjomba
wɔfa

kaka
nua barima

dada
nua baa

mwili

nipadua

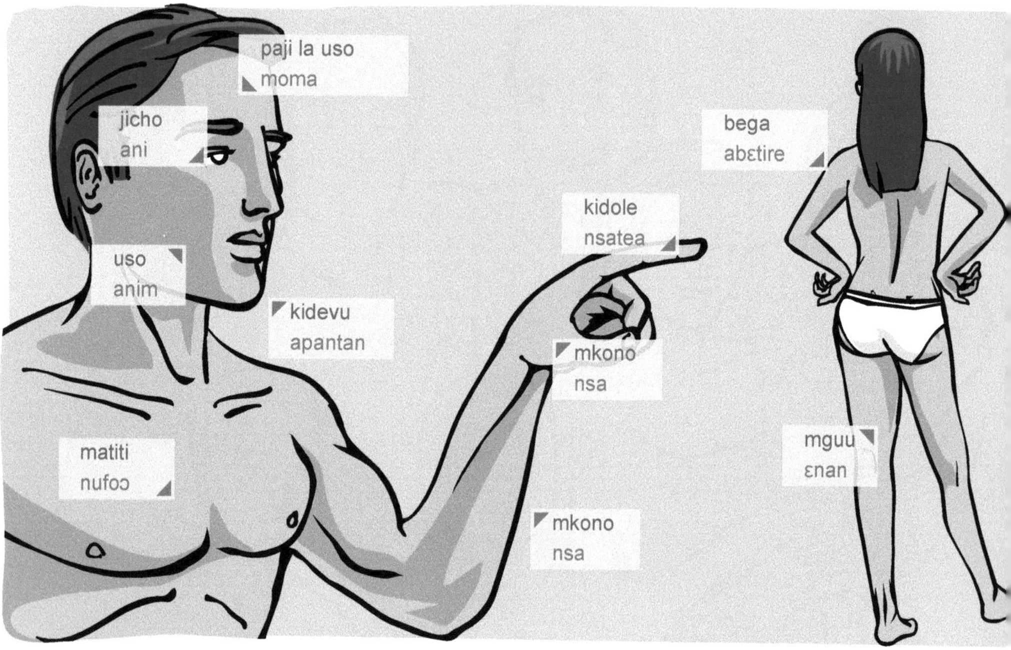
paji la uso
moma
jicho
ani
bega
abɛtire
kidole
nsatea
uso
anim
kidevu
apantan
mkono
nsa
mguu
ɛnan
matiti
nufoɔ
mkono
nsa

mtoto

abɔdoma

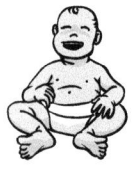

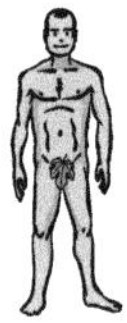

mwanamume

barima

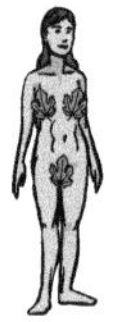

mwanamke

ɔbaa

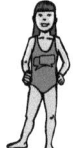

msichana

abayewa

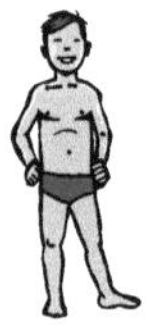

mvulana

abarimawa

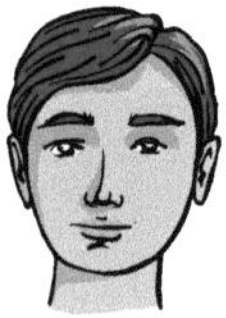

kichwa

etire

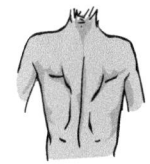

nyuma
akyi

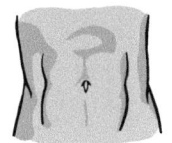

tumbo
afro

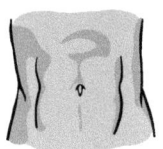

kitovu
fruma

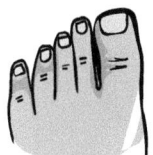

chano
nansoa

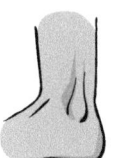

kisigino
nantini

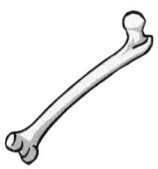

mfupa
dompe

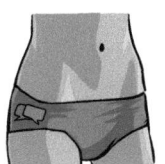

nyonga
ataasɔ

goti
kotodwe

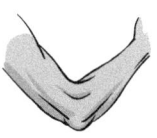

kiwiko
abatwɛ

pua
ɛhwene

chini
ɛtoɔ

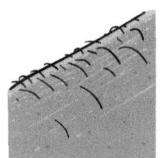

ngozi
wedeɛ

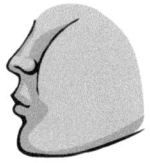

shavu
afono

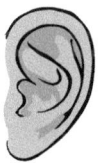

sikio
aso

mdomo
ano

kinywa
anom

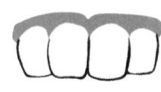

jino
ɛsee

ulimi
tɛkyerɛma

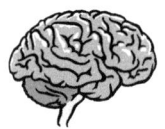

ubongo
adwene

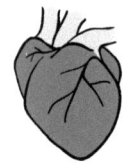

moyo
akoma

misuli
ntini

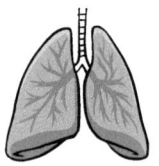

pafu
aharawa

ini
brɛbɔɔ

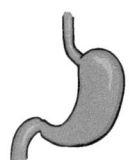

tumbo
yafunu

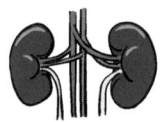

figo
asaa

jinsia
nna

kondomu
kɔndɔm

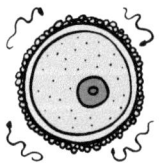

ovari
ɔbaa nkosua

shahawa
barima ho nsuo

mimba
nyinsɛn

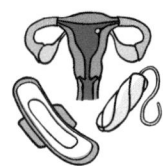

hedhi
nsabuo

uke
ɛtwɛ

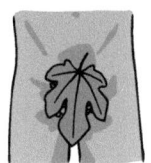

uume
kɔteɛ

unyusi
anintɔn

nywele
enwin

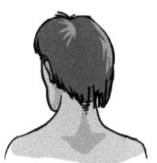

shingo
ɛkɔn

hospitali
ayaresabea

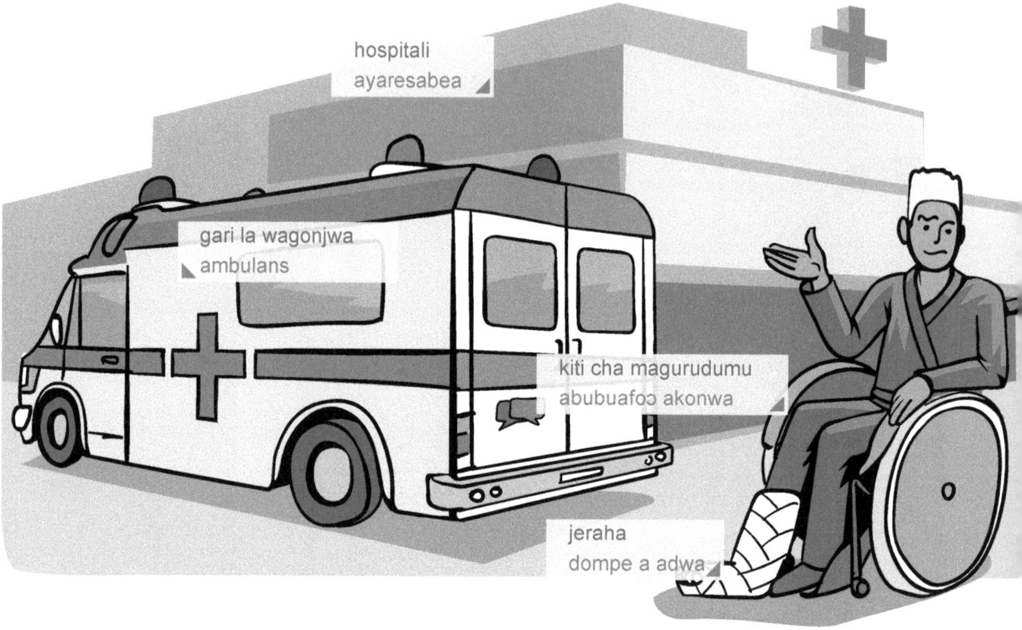

gari la wagonjwa
ambulans

kiti cha magurudumu
abubuafoɔ akonwa

jeraha
dompe a adwa

daktari

dɔkota

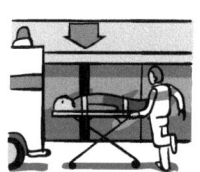

chumba cha dharura

ɛdan a wɔde putupru nsɛm kɔmu

muuguzi

nɛɛse

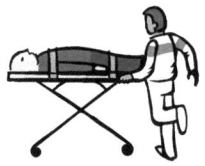

dharura

putupru

kupoteza fahamu

wɔ atwa ahwe

maumivu

yea

kuumia
epira

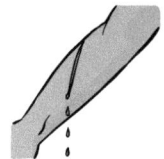

kutokwa na damu
mogyatuo

mshtuko wa moyo
akoma yarenini

kiharusi
stroke yareɛ

mzio
allegyi

kikohozi
ɛwa

homa
ahoɔhyeɛ

mafua
papu

kuharisha
ayamtuo

maumivu ya kichwa
tipaeɛ

kansa
kokoram

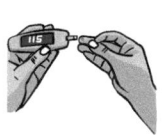

ugonjwa wa kisukari
asikyire yareɛ

daktari mpasuaji
dɔkota a ɛyɛ oprehyɛn

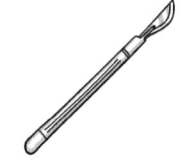

kisu kidogo cha kupasulia
skapɛl sekan

operesheni
aprehyɛn

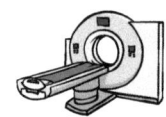

picha changanufu ya mwili

CT

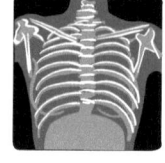

Eksrei

x-ray

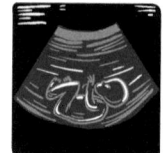

mawimbi sauti

ultrasound

barakoa ya uso

nkatanim

ugonjwa

yareɛ

chumba cha kusubiri

ɛdan a wɔ twɛn mu

mkongojo

krɔhyes

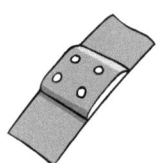

plasta

plasta

bendeji

banege

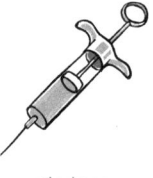

sindano

paneɛ

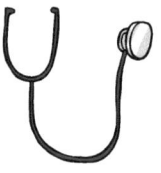

stetoskopu

Stetoskop

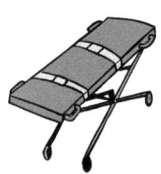

machela

ahomankaa

kipimajoto cha kliniki

afidie a esusu ahoɔhyeɛ

kuzaliwa

awoɔ

unene kupita kiasi

kɛseɛ mmorosoɔ

kusikia misaada

afidie a ɛboa asɛmtie

kipukusi

aduro a ekum mmoawa

maambukizi

yareɛ a mmoawa deba

virusi

vaarɔs

VVU / UKIMWI

HIV / AIDS

dawa

aduro

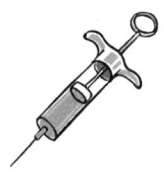

chanjo

aduro a esi yareɛ ano

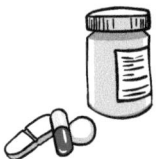

vidonge

aduro tablɛte

kidonge

topaeɛ

simu ya dharura

ɔfrɛ wɔ putupru so

haemodainamometa

afidie a esusu mogya
mmrosoɔ

mgonjwa / mwenye afya

yareɛ / apomuden

Msaada!

Boa me!

kengele

kɔkɔbɔ

pigo

ɛborɔ

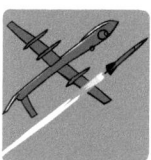

shambulizi

ato ahyɛ obi so

hatari

ɛyɛ hu

lango la dharura

baabi a yɛfa de pue putupru
so

Moto!

Ogya!

kizima moto

afidie a yɛde dumgya

ajali

nkwanhyia

vifaa vya huduma ya
kwanza

nneɛma yɛde sɔ yareɛ ano

wito wa msaada

SOS

polisi

polisi

Ulaya

Yuropo

Amerika ya Kaskazini

Amerika atifi

Amerika ya Kusini

Amerika ananfoɔ

Afrika

Abiberm

Asia

Asia

Australia

Australia

Atlantiki

Atlantik

Pasifiki

Pasifek

Bahari ya Hindi

India po kɛseɛ

Bahari ya Antaktiki

Antaatek po keseɛ

Bahari ya Aktiki

Aatek po kɛseɛ

Ncha ya Kaskazini

Ewiase atifi

Ncha ya Kusini

Ewiase anaafoɔ

Antaktika

Antaatek

dunia

Ewiase

nchi

asaase

bahari

ɛpo

kisiwa

supɔ

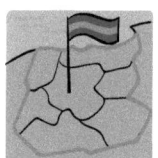

taifa

ɔman

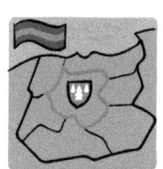

jimbo

ɔman

dunia - Ewiase

uso wa saa

klɔko no anim

akrabu ya saa

dɔnhwere nsa no

akrabu ya dakika

sima nsa

akrabu ya sekunde

anitɛtɛ nsa no

Ni saa ngapi?

Abɔ sɛn?

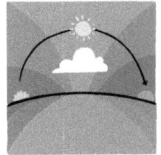

siku

da

wakati

berɛ

sasa

seeseiara

saa ya dijitali

wkye a nɔma wɔ so

dakika

sima

saa

dɔnhwere

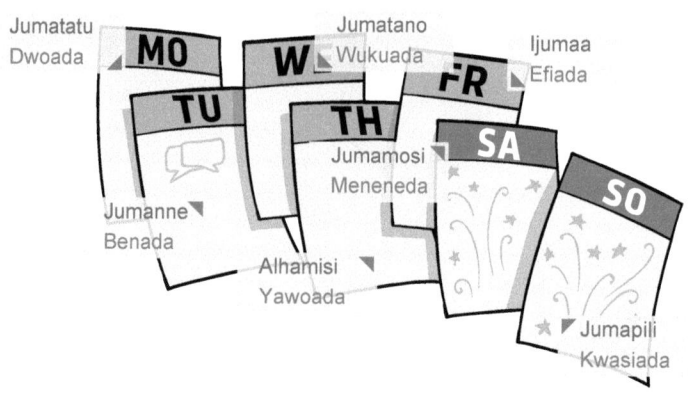

Jumatatu
Dwoada

Jumatano
Wukuada

Ijumaa
Efiada

Jumanne
Benada

Jumamosi
Meneneda

Alhamisi
Yawoada

Jumapili
Kwasiada

jana

ɛnora

leo

ɛnora

kesho

ɔkyina

asubuhi

anɔpa

saa sita mchana

prɛmtobrɛ

jioni

anwumerɛ

MO	TU	WE	TH	FR	SA	SU
1	2	3	4	5	6	7
8	9	10	11	12	13	14
15	16	17	18	19	20	21
22	23	24	25	26	27	28
29	30	31	1	2	3	4

siku za biashara

adwuma nna

MO	TU	WE	TH	FR	SA	SU
1	2	3	4	5	6	7
8	9	10	11	12	13	14
15	16	17	18	19	20	21
22	23	24	25	26	27	28
29	30	31	1	2	3	4

mwishoni mwa wiki

nnawɔtwe awieɛ

mwaka

afe

mvua
nsutɔ
upinde wa mvua
nyankontɔn
theluji
asukɔkyea
upepo
mframa
majira ya machipuko
nsutɔbrɛ
vuli
autumnbrɛ
kiangazi
awiabrɛ
majira ya baridi
awɔbrɛ

4.APRIL 11°
5.APRIL 4°
6.APRIL 13°
7.APRIL 8°
8.APRIL 10°

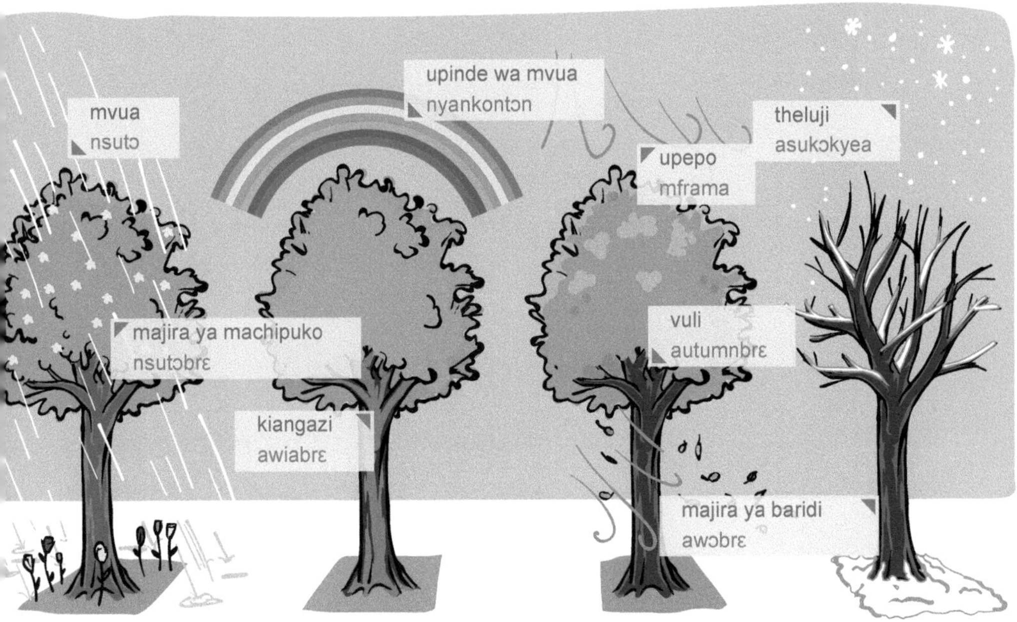

utabiri wa hali ya hewa

ewiem nsakrɛɛɛ

F C
120 90 60 30 0 -30
40 30 20 10 0 -10 -20

kipimajoto

afidie a esusu ade ho hyeɛ

mwanga wa jua

awiabɔ

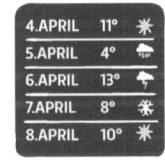

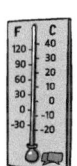

wingu

munukum

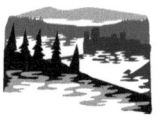

ukungu

ɛbɔ

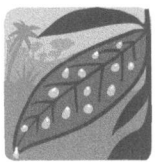

unyevu

ewiem nsuo

umeme

ayerɛmo

radi

apranaa

dhoruba

ehum

mvua ya mawe

asukɔkyea

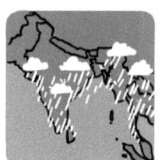

monsuni

monsoonbrɛ

mafuriko

nsuyiri

barafu

aise

Januari

ɔpɛpɔn

Februari

ɔgyefoɔ

Machi

ɔbɛnem

Aprili

Oforisuo

Mei

Kotonimaa

Juni

Ayɛwohomumu

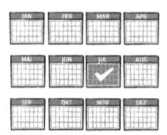

Julai

Kitawonsa

Agosti

ɔsanaa

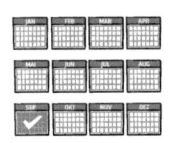

Septemba
....
εbɔ

Oktoba
....
Ahinime

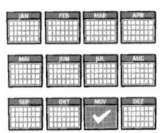

Novemba
....
Obubuo

Desemba
....
ɔpɛnimaa

maumbo
abosuo

mduara
....
kanko

mraba
....
sokwɛɛ

mstatili
....
rɛktangel

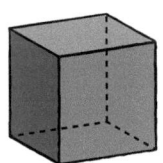

pembetatu
....
triangel

nyanja
....
krukruwa

mchemraba
....
adaka

nyeupe

fitaa

manjano

akokɔ sradeɛ

chungwa

ankaa

rangi ya waridi

pink

nyekundu

kɔkɔɔ

hudhurungi

pɛpol

bluu

bruu

kijani

ahaban mono

hanja

braun

jivujivu

nson

nyeusi

tuntum

mengi / kidogo

pii / ketewa

hasira / pole

wo boafu / wɔ adwo

nzuri / mbaya

ɛyɛ fɛ / ɛyɛ tan

mwanzo / mwisho

ahyɛseɛ / awieɛ

kubwa / ndogo

kɛseɛ / esua

angavu / giza

ɛha / esum

kaka / dada

nuabarima / nuabaa

safi / chafu

ɛho te / ayɛ fin

kamilika / tokamilika

awie / enwieɛ

siku / usiku

awia / anadwo

wafu / hai

awu / ɛte ase

pana / nyembamba

emubae / ɛyɛ tea

kulika / kutolika

yɛde /yɛnni

ovu / ema

bɔne / tema

sisimkwa / udhika

wɔ aniagye / wɔ ani nka

nene / nyembamba

ɔso / teatea

kwanza / mwisho

edikan / etwatoɔ

rafiki / adui

adamfoɔ / atamfo

jaa / tupu

ayɛ mma / hwee nim

ngumu / laini

ɛdenden / mmerɛ mmerɛ

nzito / nyepesi

ɛyɛ duru / ɛyɛ ha

njaa / kiu

ɛkɔm / nsukɔm

mgonjwa / mwenye afya

yareɛ / apomuden

haramu / kisheria

etia mmara / ɛwɔ mmara mu

akili / kijinga

nyansa / gyimi

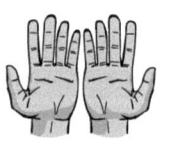

kushoto / kulia

benkum / nifa

karibu / mbali

ɛbɛn / akyire

mpya / kutumika

foforɔ / dada

kitu / jambo

hwee / biribi

zee / changa

wɔ anyini/ ɔsua

waka / zima

sɔ /dum

wazi / fungwa

bue / tom

utulivu / kelele

dinn / dede

tajiri / masikini

ɔdefoɔ / ohia

sahihi / kosa

nifa / benkum

mbaya / laini

werewerɛwerewerɛ /
trontron

huzunika / furahia

awerɛhoɔ / anigyeɛ

fupi /ndefu

tietia / tenten

polepole / haraka

nyaa / ntɛm

nyevu / kavu

afɔ / awɔ

joto / baridi

dedɛɛdeɛɛ / adwo

vita / amani

akoo / asomdweɛ

nɔma

0

sufuri

hwee

1

moja

baako

2

mbili

mienu

3

tatu

meɛnsa

4

nne

ɛnan

5

tano

enum

6

sita

nsia

7

saba

nson

8

nane

nwɔtwe

9

tisa

nkron

10

kumi

edu

11

kumi na moja

du-baako

12

kumi na mbili

du-mienu

13

kumi na tatu

du-meɛnsa

14

kumi na nne

du-nan

15

kumi na tano

du-num

16

kumi na sita

du-nsia

17

kumi na saba

de-nson

18

kumi na nane

du-nwɔtwe

19

kumi na tisa

du-nkron

20

ishirini

aduonu

100

mia

ɔha

1.000

elfu

apem

1.000.000

milioni

ɔpepem

Kiingereza

Brɔfo

Kiingereza cha Marekani

Amerikafoɔ Brɔfo

Kimandarini cha Uchina

Chainfoɔ Mandarin

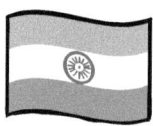

Kihindi

Hindi

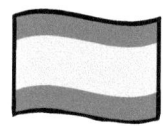

Kihispania

Spainfoɔ kasa

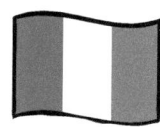

Kifaransa

French kasa

Kiarabu

Arabia kasa

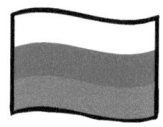

Kirusi

Russianfoɔ kasa

Kireno

Portugalfoɔ kasa

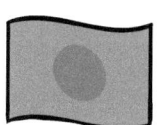

Kibengali

Bengali

Kijerumani

Germanfoɔ kasa

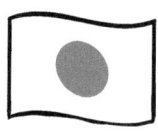

Kijapani

Japanfoɔ kasa

mimi

Me

wewe

wo

yeye / yeye / ni

ono

sisi

yɛn

wewe

wo

wao

ɔmmɔ

nani?

hwan?

nini?

deɛ bɛn?

jinsi gani?

ɛyɛ deɛn?

wapi?

ehen?

lini?

dabɛn?

jina

edin

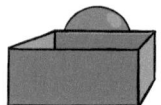

nyuma

akyire

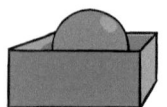

katika

emu

mbele ya

anim

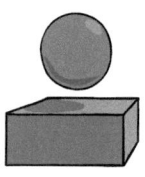

juu ya

ɛsoro

kwenye

ɛso

chini ya

aseɛ

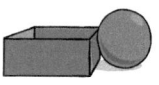

kando

nkyɛn

kati

ntɛm

mahali

beaɛ

.